슬 기 로 운

결 혼 생 활

첫째 딸 고은이가 벌써 결혼을 합니다. 1995년 12월, 고은이가 백일도 안된 상태에서 안양에서 원주로 이사 왔습니다. 그 후로 둘째 아름, 셋째 주희, 넷째 정훈이, 세 명을 더 선물로 주셨습니다.

아빠인 저는 사역으로 분주하게 하나님의 일을 했고 신실하신 하나님은 자녀들을 선하게 인도해 주셨습니다.

고은이는 어릴 때부터 다른 친구들보다 머리 하나만큼 키가 더 컸습니다. 성격은 활동적이었으며 여러 친구들이 많았습니다. 아빠의 사역을 따라다니며 어릴 때부터 다양한 사역을 경험했고, 7세 때 글 없는 책으로 개인 상담을 통해 구원의 확신을 가지게 되었고, 어린이 캠프를 수도 없이 많이 참여하며 영적 훈련을 받을 수 있었습니다.

중학교를 졸업하고 필리핀에서 6년을 유학하는 중에 예배와 찬양으로 섬기면서 주님을 깊이 경험했으며, 가족과 떨어져 있으면서 홀로 있는 광야 같은 시간을 통해 내면을 돌아볼 수 있는 기회가 되었습니다. 우리나라보다 치안이 허술한 나라였기에 위기와 죽음의 순간도 경험했습니다.

고은이는 가정의 큰딸로 부모와 동생들을 생각하는 마음이 깊고 언제나 피스 메이커의 역할을 감당하여 우리에게 행복과 기쁨을 줍니다.

그런 꼬맹이 고은이가 결혼을 하다니...

3년 전, 고은이가 청년부 연합수련회를 통해 민규를 처음 만났습니다. 민규는 믿음의 가정에서 성장하였고 고은이를 많이 배려할 줄 아는 듬직한 청년입니다. 그래서 믿음이 있고 고은이를 사랑한다기에 무조건 허락을 했습니다.

고은이가 그동안 많은 훈련을 받았지만 이제 부모가 할 수 있는 것은 무엇일까 생각하게 됩니다. 결혼 준비는 지금 아니면 평생할 수 없는 기간입니다. 부모로서 자녀에게 줄 수 있는 것은 하나님의 말씀이라 생각됩니다.

성경에 나타난 결혼 준비와 성경적인 가정과 자녀교육까지 알려주고 싶었습니다. 아빠가 설교한 내용이 자녀에게 조금이라도 도움이 되기를 기대합니다.

가정은 참 중요합니다. 하나님께서 직접 만드셨을 뿐만 아니라 최초로 만든 공동체입니다. 우리는 가정에서 은혜를 누려야 합니다. 가정은 스트레스받는 곳이 아닙니다. 세상에서 아무리 잘 나가도 가정에서 행복하지 않으면 진정한 승리자가 아닙니다. 배우자가, 자녀들이 행복해야 합니다.

하나님이 주신 가정이 너무 중요하지만 하나님보다 주신 선물인 배우자나 자녀를 더 사랑하면 가족이 우상이 될 수도 있습니다. 우리는 하나님 안에서 가족을 사랑하며 하나님 기뻐하시는 가정을 세워 가야 합니다.

하나님 말씀이 가정의 기준이며 나침판이기에 말씀에서 벗어나면 진정한 행복을 누릴 수 없습니다. 사람은 불완전합니다. 하나님을 의지해야 합니다.

우리의 가정이 믿음으로 하나 될 수 있기를 바랍니다.

많은 가정을 보면 겉으로는 아무런 문제가 없는 것처럼 보이나 조금만 들여다보면 성경적인 가치관과 하나님의 말씀으로 세우는 가정이 많이 없습니다. 배우자 사이에서도 위기에 있는 가정이 너무 많고 신앙적인 기준이 아닌 세상 방법과 다름없는 방식으로 자녀를 양육하고 있습니다.

가정을 이루기 위해 남녀가 결혼합니다. 하나님께서 원하시는 결혼을 어떻게 준비하는지 배워야 합니다. 결혼에 있어서 성경적인 기준은 무엇인지 알아야 합니다.

여는 글

온 세상 가정들이 하나님의 가치와 성경적인 가치로 세워지길 기도합니다. 가정이 망가지면 자녀들이 망가지고 다음 세대에 소망이 없습니다. 크리스천 가정이 바로 세워져 어두운 세상을 밝히는 데 쓰임 받기를 기대해 봅니다.

우리의 기준은 하나님의 말씀입니다. 말씀으로 세워지는 결혼과 가정, 자녀교육이 되기를 소원합니다.

이 책을 통해

결혼을 준비하는 젊은이들에게는

결혼의 이유와 목적, 배우자의 선택, 세상과 구별됨, 거룩함, 결혼을 통해 이뤄나갈 하나님의 나라, 하나님이 기뻐하시는 성경적인 결혼관이 정립되기를 바랍니다.

가정을 이룬 부부에게는

비전으로 출발했지만 살아가면서 예상치 못한 문제 앞에 힘들어하는 가정들이 하나님의 말씀으로 치유와 회복을 경험하여 행복한 가정, 거룩한 가정되기를 기대합니다.

자녀를 둔 부모에게는

자녀들을 영성과 인성, 지성으로 균형 있는 건강한 예수님의 제자로 키우고, 부모를 통해 믿음의 유산을 물려주기를 소망하는 명문 가정의 부모들이 되기를 간절히 기대합니다.

부족한 내용입니다. 하나님의 말씀을 설교로 나눈 내용입니다. 좀 딱딱하고 거친 표현이 있을 텐데 가정을 향한 뜨거운 열정이라고 받아주시고 작은 도움과 은혜가 되길 기도합니다. 늘 부족한 목회자가 마음껏 하나님의 말씀을 나눌 수 있는 충정교회 성도들이 있다는 것이 얼마나 감사하고 행복한지 모릅니다.

날마다 사랑과 기도로 아낌없이 후원해 주시는 충정교회, 가정과 교회에서 최선을 다해 섬김을 아끼지 않고, 나의 부족한 모습을 채워주는 사랑하는 아내 미진, 눈물의 기도로 하나님 나라의 동역자가 되어 주시는 사랑하는 부모님, 목회사역으로 함께 있는 시간이 많지 않지만 넓은 마음으로 이해해주는 자녀 고은, 아름, 주희, 정훈이에게 사랑과 고마움을 표합니다.

정말 고맙습니다. 사랑합니다.

모든 가정이
하나님 나라의 모델하우스가
되기를 꿈꾸며...

목사 **최 규 명**

여는 글

맥아더 장군의 자녀를 위한 기도문

Douglas MacArthur

내게 이런 자녀를 주옵소서
약할 때 자기를 돌아볼 줄 아는 여유와
두려울 때 자신을 잃지 않는 담대함을 가지고
정직한 패배에 부끄러워하지 않고 태연하며
승리에 겸손하고 온유한 자녀를 내게 주옵소서

생각해야 할 때 고집하지 말게 하시고
주를 알고 자신을 아는 것이
지식의 기초임을 아는 자녀를 주옵소서

원하옵나니 그를 평탄하고 안이한 길로 인도하지 마옵시고
고난과 도전에 직면하여
분투 항거할 줄 알도록 인도하여 주옵소서
그리하여 폭풍우 속에서 용감히 싸울 줄 알고
패자를 관용할 줄 알도록 가르쳐 주옵소서
그 마음이 깨끗하고 그 목표가 높은 자녀를
남을 정복하기 전에 먼저 자신을 다스릴 줄 아는 자녀를

장래를 바라봄과 동시에 지난날을 잊지 않는 자녀를 내게 주옵소서

이런 것들을 허락하신 다음 이에 더하여
내 자녀에게 유머를 알게 하시고
생을 엄숙하게 살아감과 동시에
즐길 줄 알게 하옵소서

자기 자신에게 지나치게 집착하지 말게 하시고
겸허한 마음을 갖게 하시사
참된 위대함은 소박함에 있음을 알게 하시고
참된 지혜는 열린 마음에 있으며
참된 힘은 온유함에 있음을 명심하게 하옵소서

그리하여 어느 날 나 아버지는
내 인생을 헛되이 살지 않았노라고
고백할 수 있도록 도와주시옵소서

맥아더 장군의 자녀를 위한 기도문

고린도전서 13장

내가 사람의 방언과 천사의 말을 할지라도
사랑이 없으면 소리 나는 구리와 울리는 꽹과리가 되고
내가 예언하는 능력이 있어 모든 비밀과 모든 지식을 알고
또 산을 옮길 만한 모든 믿음이 있을지라도 사랑이 없으면
내가 아무 것도 아니요
내가 내게 있는 모든 것으로 구제하고 또 내 몸을 불사르게
내줄지라도 사랑이 없으면 내게 아무 유익이 없느니라

사랑은 오래 참고 사랑은 온유하며 시기하지 아니하며
사랑은 자랑하지 아니하며 교만하지 아니하며
무례히 행하지 아니하며 자기의 유익을 구하지 아니하며
성내지 아니하며 악한 것을 생각하지 아니하며
불의를 기뻐하지 아니하며 진리와 함께 기뻐하고
모든 것을 참으며 모든 것을 믿으며 모든 것을 바라며
모든 것을 견디느니라

사랑은 언제까지나 떨어지지 아니하되

예언도 폐하고 방언도 그치고 지식도 폐하리라

우리는 부분적으로 알고 부분적으로 예언하니

온전한 것이 올 때에는 부분적으로 하던 것이 폐하리라

내가 어렸을 때에는 말하는 것이 어린아이와 같고

깨닫는 것이 어린아이와 같고 생각하는 것이 어린아이와 같다가

장성한 사람이 되어서는 어린아이의 일을 버렸노라

우리가 지금은 거울로 보는 것 같이 희미하나

그때에는 얼굴과 얼굴을 대하여 볼 것이요

지금은 내가 부분적으로 아나 그때에는

주께서 나를 아신 것 같이 내가 온전히 알리라

그런즉 믿음, 소망, 사랑, 이 세 가지는 항상 있을 것인데

그 중의 제일은 사랑이라

고린도 전서 13장

성 경 에 서 결 혼 을 배 우 다

슬기로운
결혼생활

행복한 결혼 생활을 소망하는 분들이 꼭 알아야 할 필독서

최규명 지음

목 차

여는 글 ··· 003

맥아더 장군의 자녀를 위한 기도문 ················ 008

고린도전서 13장 ···································· 010

chapter 결혼, 이렇게 준비하라

배우자의 선택 기준 ································· 019

배우자의 조건 ······································· 039

배우자의 가정 ······································· 054

배우자와의 만남 ···································· 074

chapter 가정, 이렇게 섬기라

행복한 가정의 첫 출발 ····························· 099

멋진 남편, 예쁜 아내 ······························· 114

믿음의 명문 가정 ··································· 133

하나님을 경외하는 가정 ··························· 158

chapter III   자녀, 이렇게 양육하라

자녀에게 하나님의 말씀을 가르치라 ············· 181

믿음의 부모가 자녀를 살린다 ······················· 196

자녀에게 꼭 부탁하고 싶은 말 ····················· 209

자녀는 하나님의 소유 ······························· 225

chapter IV   부록(주례사, 결혼후기)

주례사 ······································· 241

결혼 기도문 ······························· 247

결혼식 후기 ······························· 250

chapter

I

결혼, 이렇게 준비하라

결혼, 이렇게 준비하라

"내가 너에게 하늘의 하나님, 땅의 하나님이신 여호와를
가리켜 맹세하게 하노니 너는 내가 거주하는 이 지방 가나안
족속의 딸 중에서 내 아들을 위하여 아내를 택하지 말고
내 고향 내 족속에게로 가서 내 아들 이삭을 위하여 아내를
택하라"(창 24:3-4).

배우자의 선택 기준

창 24:1-9

창세기 24장은 약속의 아들 이삭을 결혼시키는 일, 배우자를 구하는 일을 아브라함이 마지막 사명으로 알고 감당하는 귀한 모습이 나옵니다. 창세기 50장 중 본문이 들어있는 24장은 67절까지 있는 가장 긴 장입니다. 결혼이 얼마나 소중한지, 자녀의 배우자 선택의 문제가 얼마나 중요한지를 알 수가 있습니다.

아브라함이 아내인 사라가 함께 있을 때 그 자녀의 결혼 준비를 같이했으면 참 좋았을 뻔했지만, 하나님은 계획이 있기에, 아브라함이 믿음의 원칙과 성경적인 기준으로 자녀 결혼을 위해서 준비하고 제시하는 모습이 우리 모두에게 좋은 지표가 됩니다.

우리의 인생, 우리 자녀의 인생, 손주들의 인생이 하나님께서 원하시는 결혼, 하나님이 기뻐하는 성경적인 가정으로 세워지는 은혜가 있기를 원합니다. 나이가 많다 할지라도, 늦었다고 할지

결혼, 이렇게 준비하라

라도 그냥 막 결혼시킬 수는 없지 않습니까? 반드시 믿음의 기준
과 하나님의 말씀의 원칙을 가지고 자녀들을 믿음으로 세워 갈
수 있는 우리가 되기를 바랍니다.

"아브라함이 나이가 많아 늙었고 여호와께서 그에게 범사
에 복을 주셨더라"(창 24:1).

 아브라함은 나이가 많아 늙었습니다. 우리의 젊음은 영원하지
않습니다. 나이를 먹게 되고 늙어집니다. 그런데도 하나님께서
아브라함에게 범사에 복을 주셨습니다. 아브라함이 나이가 140
세가 되었습니다. 그가 가장 신임했던 종 엘리에셀도 나이가 많
습니다. 사라마저 죽었기에 그 인생 가운데 희망과 소망은 보이
지 않는 것 같습니다. 그러나 하나님께서 아브라함 인생의 범사
에 복을 주셨다는 이 놀라운 선언, 이 놀라운 축복이 여러분들에
게 임하기를 기원합니다.

 하나님께서 아브라함에게 어떤 복을 주셨을까요? 아브라함은
먼저 하나님의 선택의 복을 받았습니다. 많고 많은 사람 가운데
하나님이 아브라함을 선택하시고, 약속의 말씀을 주시며 믿음의
사람으로 은혜를 베푸셨습니다.
 이 땅의 많고 많은 사람 가운데 주께서 여러분들을 선택하신 이

놀라운 감동과 감격이 평생 지워지지 않고 기쁨과 감사로 주 앞에 드려질 수 있기를 바랍니다. 하나님이 나를 사랑하셔서 선택하시고, 나를 세우시며 인도하시는 그 은혜가 감격스럽습니다. 그뿐만 아니라 이 땅의 많은 소리가 들려오지만, 살아계신 하나님의 말씀이 들리는 복, 이것이 축복입니다.

복은 히브리어로 '바라크(בָּרַךְ)'입니다. 이 복은 하나님과의 교제, 하나님과의 관계에 의한 복을 의미합니다. 하나님이 나를 아는 것, 하나님이 나를 사랑하는 것, 하나님이 나와 교제하는 것, 하나님이 나에게 말씀해 주시는 것이 진짜 복입니다. 우리가 말씀을 들을 수 있다는 것은 축복입니다. 주님과 동행할 수 있는 복, 주님과 함께 살아갈 수 있는 복, 내가 기도했을 때 응답받는 복이 우리 모두에게 임하기를 소원합니다.

아브라함의 인생 가운데 아픔이 있었습니다. 고통과 고난이 있었습니다. 하지만 하나님께 영광 돌리는 복된 인생이 된 것처럼 우리도 변화될 수 있습니다. 아브라함에게 아들 결혼의 준비를 맡길 수 있는 종이 있다는 것, 만남의 복입니다. 아들 이삭이 리브가를 만날 수 있다는 만남의 복이야말로 축복이 아니겠습니까! 여러분에게 믿음의 만남의 복이 있기를 축복합니다.

아브라함은 전 생애를 통해서 하나님의 엄청난 복을 받았고, 받고 있으며, 앞으로도 받을 것입니다. 나이가 늙어도 마지막까지 사명이 있는 자로 살아가는 모습도 복입니다.

하나님의 복 없이는 한순간도 살아갈 수가 없습니다. 하나님은 우리에게 복을 주시는 분이십니다. 하나님을 거부하지 마시고, 복을 주시는 하나님을 외면하지 마시고, 도망가지 마시고, 마음을 활짝 열고 '아멘'으로 화답하여 하나님이 쏟아주시는 은혜와 복을 마음껏 누릴 수 있기를 축복합니다.

복을 주시는 하나님을 내가 외면하고 인생을 살면 어떻게 복된 인생을 살 수 있겠습니까? 연약하고 실수하고 넘어진다고 할지라도 다시 한번 주님을 바라보고 의지하고 나갈 때 하늘의 복이 우리 가운데 쏟아지는 것입니다.

"아브라함이 자기 집의 모든 소유를 맡은 늙은 종에게 이르되 청하건대 내 허벅지 밑에 손을 넣으라"(창 24:2).

아브라함이 얼마나 부자인지 아십니까? 종들이 수백 명입니다. 양과 약대도 많습니다. 그런데 이 모든 소유를 종에게 맡겼습니다. 늙은 종에게 말입니다. 아무에게나 재산을 맡기지 않습니다. 재산을 맡기고 도장을 맡긴다는 것, 통장을 맡긴다는 것은 가족이거나 아니면 가족만큼이나 믿을 만한 지혜롭고 신실한 사람임을 의미합니다.

아브라함에게 그의 모든 재산을 맡겨도 될만한 종이 함께 있습니다. 아브라함과 같은 마음을 나누는 사람입니다. 비록 종이라 할지라도 그 집의 청지기요, 가정 총무요, 아브라함과 함께 서로 교제하고 하나님을 알아가고 대화하고 기도하는 종이 아브라함에게 있다는 것은 큰 축복입니다.

성경학자들은 이 종을 창세기 15장 2절에 있는 '엘리에셀'이라고 말합니다.

"나는 자식이 없사오니 나의 상속자는 이 다메섹 사람 엘리에셀이니이다."

엘리에셀은 다메섹 사람입니다. 이방 사람입니다. 하나님께서 롯을 구하는 가운데 이 종을 포로로 이끌고 온 것 같습니다. 엘리에셀이 아브라함을 통해서 변화되었고 이름도 바꾸었습니다. 엘리에셀의 이름의 뜻은 '하나님은 도움이시다'입니다.

창세기 15장에 보면 아브라함에게 아들이 없습니다. 이 재산을 누구에게 상속으로 물려줄 것인가? 나의 후사가 누가 될 것인가? 자식이 없으니 가장 신실하고, 가장 똑똑하고, 가장 현명하고, 가장 믿음이 있는 엘리에셀을 바로 후계자로 삼고 싶었을 것입니다. 그래서 하나님께 이 사람을 후계자로 세우고 싶다고 했던 것입니다.

돈을 맡길 수 있다는 것은 무슨 일이든 다 맡길 수 있다는 것입니다. 아브라함은 이 종에게 아들의 신부를 구하는 일을 위임하고 사명을 주었습니다. 고대 근동지역만 해도 어떤 중요한 일을 할 때는 허벅지 밑에 손을 넣어서 맹세하게 합니다. "난 당신의 권위 아래 있습니다. 약속을 지키겠습니다. 목숨 다해 지키겠습니다. 맹세합니다. 반드시 지키겠습니다"라는 언약의 증표가 바로 맹세 서약의 모습입니다.

이 결혼의 문제가 너무 소중하기 때문입니다. 이 결혼은 보통 결혼이 아닙니다. 아브라함의 아들 이삭, 약속의 아들, 하나님의 약속의 말씀이 성취되는 그 가문의 며느리가 오는 일입니다. 너무 중요하고 소중한 일입니다.

주께서 아브라함을 통해서 그 일들을 준비하고 있는 것입니다. 아브라함은 종을 축복하면서 신부의 요건을 제시합니다.

"내가 너에게 하늘의 하나님 땅의 하나님이신 여호와를 가리켜 맹세하게 하노니"(창 23:3).

아브라함은 며느리 찾는 일을 지시하면서 하나님의 역사하심을 기대하고 있습니다. 아브라함은 인생을 살면서 하나님이 도우시고 역사하신다는 원칙이 있습니다.

그 아들 이삭의 배우자를 구하는 일을 축복하시고 역사하시는 하나님은 하늘의 하나님이십니다. 땅의 하나님이십니다. 우주의 하나님, 천지를 창조하신 하나님이십니다. 천지를 창조했다는 말은 하늘과 땅만 창조한 게 아니라 하늘과 땅에 속한 모든 것들을 다 창조했다는 것입니다.

하늘의 하나님, 위대하신 하나님, 전능하신 하나님, 광대하신 하나님, 그 놀랍고 영원하신 하나님을 찬양합니다. 우리를 도우시는 하나님, 자녀 인생을 축복하는 하나님이 바로 하늘의 하나님이십니다.

땅의 하나님, 나와 함께 하시며, 나를 붙잡아 주시며, 나를 도우시며, 나를 사랑하시며, 나를 주목하시며, 어머니 같고 목자같이 함께 하는 하나님이십니다.

자녀 결혼에서 가장 중요한 것은 부모가 하나님을 신뢰하는 것입니다. 하나님께서 아브라함을 75세 때 불러주시고 이제 140세가 되었습니다. 65년 동안 도우시고 역사하시고 축복하시고 여호와 이레로 함께 하셨습니다. 자녀의 문제도, 앞날도 하늘의 하나님, 땅의 하나님께서 도우실 것이라는 믿음이 여러분 마음속에 있기를 축복합니다. 이것이 제일 중요한 것입니다.

나를 도우시는 하나님은 내 자녀를 망가뜨리지 않습니다. "네가 뭐가 되려고 그래?"라고 말하지 마시고 "하나님이 너를 도우실 거야. 하나님이 너를 인도해 주실 거야"라고 축복하시기 바랍니다.

하늘과 땅의 하나님께서 내 인생을 축복하시고 인도하셨듯이 우리 자녀의 인생을 축복하시고 붙잡아 주시며 인도할 것이라는 놀라운 사실을 포기하지 마시고 믿음의 기준을 갖고 계속해서 축복하고 또 축복할 수 있기를 바랍니다.

믿는 것입니다. 나를 사랑하신 그 하나님이 자녀의 인생을 지배하시고 붙잡아 주시고 책임져 주신다는 사실을 '아멘'으로 받으십시오. 더 나아가서 아브라함은 이렇게 원칙을 제시합니다.

"너는 내가 거주하는 이 지방 가나안 족속의 딸 중에서 내 아들을 위하여 아내를 택하지 말고"(창 24:3).

아들의 아내를 구할 때 어디서 구하느냐가 중요합니다. 그것은 바로 가나안에서 구하지 말라는 것입니다. 이것이 첫 번째 기준입니다. 왜냐하면 여호와 하나님을 믿고 경외하는 땅이 아니기 때문입니다. 가나안 땅은 하나님께서 선물로 주신 약속의 땅입니다. 그러나 이 가나안 사람들에게서 신부를 구할 수는 없습니다.

믿음의 후손, 믿음의 약속이 성취될 때 하나님을 경외하지 않거나 성적으로 문란하거나 우상을 섬기는 사람이 들어오게 되면 우리의 후손들은 망합니다.

하나님의 절대 원칙을 아브라함은 기억하고 정확하게 제시하고 있는 것입니다. 아브라함은 65년 동안 가나안 땅에서 살았습니다. 65년 동안 많은 사람의 존경을 받았습니다. 아브라함이 마음만 먹으면 가나안 땅에서 제일 예쁘고 가문이 좋고 명예가 높은 사람의 자녀를 마음껏 선택할 수 있습니다. 하지만 그것을 포기합니다. 그리고 하나님의 원칙을 제시합니다.

"네 하나님 여호와께서 그들을 네게 넘겨 네게 치게 하시리니 그때에 너는 그들을 진멸할 것이라 그들과 어떤 언약도 하지 말 것이요 그들을 불쌍히 여기지도 말 것이며 또 그들과 혼인하지도 말지니 네 딸을 그들의 아들에게 주지 말 것이요 그들의 딸도 네 며느리로 삼지 말 것은 그가 네 아들을 유혹하여 그가 여호와를 떠나고 다른 신들을 섬기게 하므로 여호와께서 너희에게 진노하사 갑자기 너희를 멸하실 것임이니라"(신 7:2-4).

필자는 이 말씀을 여러분들이 꼭 기억할 수 있기를 축복합니다. 주님께서 약속하신 말씀입니다. 하나님을 경외하지 않고 우상을 섬기는 사람은 안 됩니다. 그들과 혼인하면 안 됩니다. 언약하면 안 된다고 주께서 선언하시고 있습니다. 아무리 학벌이 좋아도, 아무리 미모가 뛰어나도, 아무리 집안이 좋고 능력이 있어도 우리 안에 흔들리지 않는 성경적 원칙이 있기를 축복합니다. 부모의 믿음으로 주께서 자녀의 미래를 책임지고 열어주실 줄로 믿습니다.

결혼, 이렇게 준비하라

솔로몬이 왜 망한 줄 아십니까? 다윗의 아들 솔로몬이 뭐가 없었겠습니까? 부귀영화 모든 것이 다 있었습니다. 그런데 이방 여인을 천 명씩이나 얻은 것 때문입니다. 그 여인들이 다 우상 단지를 들고 오니까 그 인생이 타락하게 되는 것입니다.

이 땅에서 배우자에게 줄 수 있는 최고의 선물은 영적인 순결입니다. 그리고 육적인 순결이 배우자를 위한 최고의 선물입니다. 깨끗하게 준비하는 것입니다. 내 안의 우상들을 제거하고 하나님의 사람으로 준비하는 것이 가장 중요한 준비라고 말하는 것입니다.

혹시 여러분이 지금 불신자와 살고 있다 할지라도 이 믿음의 가정에 대한 거룩한 열망을 포기하지 않기를 축복합니다. 우리 마음속에 뜨겁게, 우리 가정이 하나님 앞에 합당한 가정으로, 주님이 원하시는 가정으로, 거룩한 가정으로, 주를 경외하는 가정으로 살고 싶다는 그 열망이 포기되지 않는다면, 주께서 여러분들을 통해서 여러분의 배우자를 인도해 주실 줄로 확신합니다.

이 믿음의 기준이 우리 마음에 있어야 합니다. 부모의 마음속에 있어야 합니다. "너의 인생 가운데 하나님께서 믿음의 가정으로 인도해 주셔야 한다"라는 말을 자녀에게 계속 심어주는 것입니다.

요즘 믿음의 가정 내의 자녀들도 종교 활동하는 사람이 많습니다. 안 됩니다. 하나님을 경외하는 사람을, 하나님을 사랑하는 사람을 배우자로 선택하라고 성경은 말해주고 있습니다. 아브라함은 계속해서 제시하고 있습니다.

"내 고향 내 족속에게로 가서 내 아들 이삭을 위하여 아내
를 택하라"(창 24:4).

내 고향 내 족속에게로 가라고 말합니다. 아브라함이 75세까지
갈대아 우르에서 살았습니다. 갈대아 우르, 우상 섬기는 그 도시
에서 빼내어 주셨습니다. 그래서 하란으로 가게 됩니다. 하란 땅
에서 얼마 동안 살게 되고 그곳에서 아버지 데라가 죽었습니다.
이제 아브라함의 형제 나홀은 하란에 남게 됩니다. 그리고 하나
님은 아브라함을 다시 또 부르셔서 하란에서 가나안 땅으로 오게
됩니다. 나홀이 남아 있습니다. 집안 모든 사람이 지금 하란 땅에
있습니다.

67절까지 창세기 24장 전체를 보면 나홀의 집안이 다 하나님
믿는 집안으로 바뀌었습니다. 리브가도 말입니다. 주께서 역사해
주신 것입니다.

그 땅으로 가야 합니다. 물론 하란 땅에는 아름다운 리브가가
준비되어 있습니다. 이삭의 부인이 될 거라고 65년 전에 떠난 이
아브라함을 누가 기다리고 있었겠습니까? 아브라함은 하나님께
서 예비한 신부가 있는 그 땅으로 가라고 믿음을 갖고 종을 파송
한 것입니다. 하나님께서 우리를 사랑하시고 우리를 축복하신 그

결혼, 이렇게 준비하라

놀라운 신앙의 은혜의 힘이 자녀들에게 흘러가기를 바랍니다. 여러분의 자녀를 믿음의 사람으로 세우는 일이야말로 부모가 자녀에게 줄 수 있는 최고의 선물인 줄로 믿습니다.

종이 말합니다. "주인님, 만약에 여자를 찾았다고 합시다. 그 여자가 이 땅으로 오지 않겠다고 하면 어떡합니까?" 종은 "아니, 신랑 얼굴도 못 보았는 데 따라오는 여자가 어디 있겠습니까? 그러면 이삭을 그리로 데리고 가야 할까요?"라고 묻는 것입니다. 아브라함은 안 된다고 대답합니다. 이삭은 이 땅을 떠나면 안 된다는 것입니다.

하나님께서 "이 땅을 떠나지 말라. 내가 이 땅을 선물로 주었다. 이 땅은 약속의 땅이다. 내가 주는 선물이다. 이 땅에서 내가 은혜를 베풀어 줄 것이다"라고 말씀하셨습니다. 그래서 아브라함이 매장지를 돈 주고 이미 사지 않았습니까?

며느리가 될 사람은 그 가족과 친척들을 버리고 약속의 말씀을 믿고 자기 모든 것들을 포기하고 하나님의 음성으로 듣고 올 수 있어야 이삭의 아내가 될 수 있다는 것입니다. 결코, 쉬운 일이 아닙니다. 하지만 이런 믿음의 원칙을 가지면 하나님이 역사하십니다.

"하늘의 하나님 여호와께서 나를 내 아버지의 집과 내 고향 땅에서 떠나게 하시고 내게 말씀하시며 내게 맹세하여 이르시기를 이 땅을 네 씨에게 주리라"(창 24:7).

떠나면 안 됩니다. 이삭이 살아갈 이 땅은 떠나면 안 되지만, 이 땅의 죄악에 파묻혀 함몰되어 사는 것이 아니라 이 땅을 정복하고 다스리며, 거룩한 땅으로, 약속의 땅으로 회복시킬 사명이 있음을 이미 선포하고 있다는 사실을 우리 모두 기억할 수 있기를 간절히 바랍니다.

약속의 말씀을 믿고 올 수 있는 여자, 그 여자를 말하는 것입니다. 자 보십시오.

"그가 그 사자를 너보다 앞서 보내실지라 네가 거기서 내
아들을 위하여 아내를 택할지니라"(창 24:7).

"그가 그 사자를 너보다 앞서 보내실지라." 이 축복이 우리의 인생 가운데 부어지기를 축복합니다. "걱정하지 말아라. 염려하지 말아라. 나를 도우시는 하나님은, 나를 붙잡으신 하나님은, 나에게 약속을 지키신 하나님은, 나에게 여호와 이레를 경험케 하신 하나님은, 너보다 앞서가서서 여자를 준비시킬 것이며, 네가 말을 할 때 마음에 감동할 것이며, 네가 말을 할 때 그가 따라올 것이다." 이 확신이 아브라함 마음속에 있는 것입니다.

약속을 믿는 사람, 하나님 믿음의 기준의 원칙을 지키는 사람

결혼, 이렇게 준비하라

에게는 여호와 이레의 축복이 있다는 사실을 믿습니다. 아브라함은 인생 가운데 여호와 이레를 경험했습니다. 여호와 이레를 경험케 하신 하나님은 아들의 인생 미래 가운데에도 여호와 이레의 축복이 있을 것을 압니다.

전도 현장 가운데, 선교 현장 가운데, "내가 이 지역으로 나가서 복음 증거하기를 원한다고 하나님께 도와달라고 기도할 때에 주께서 내 마음을 뜨겁게 하시고 내 입술을 주장해 주시고 주께서 준비된 말을 선포하게 하시고 예비된 영혼을 만나게 하시고 복음을 받을 수 있는 역사가 있게 하시고 여호와 이레의 축복이 넘치게 하셨습니다. 할렐루야!"라고 간증하는 것과 같습니다.

내가 잔머리를 써서 계획하는 것이 아니라 하나님의 원칙, 성령의 가치관을 분명히 하고, 하나님이 앞서 행하실 거라는 믿음을 갖고 믿음으로 기도하고 축복하며 가는 것입니다.

이 길은 종이 가는 것 같지만 배후에서 아브라함이 기도하고 있고, 시공간을 초월하는 하나님의 능력이 종의 가는 그 모든 곳마다 임하여서 하나님의 위대한 뜻이 이루어지는 놀라운 축복이 있다는 것입니다. 여호와의 이 축복의 역사가 여러분의 자녀의 미래 가운데도 있기를 축복합니다.

'만남'이라는 것은 하나님의 섭리입니다. 만남이라는 것은 우연이 아닙니다. 우리 자녀들이 배우자를 만나는 것은 우연이 아니라 하나님의 섭리입니다. 부모가 기도하고 축복합니다. 하나님이 도우시고 인도해 주십니다. 하나님께서 우리 자녀들의 미래를 열어주십니다. 앞서 행하십니다.

모든 만남은 하나님께서 붙여준 만남인 줄로 믿습니다. 그래야 안 헤어집니다. 그래야 잘살 수 있습니다. 하나님이 붙여주는 영혼이라고 생각하지 않으니까 자기 마음대로 감정을 폭발하고 그러는 거 아니겠습니까? 주님이 예비하신 영혼을 내게 주신 것이라고 믿으십시오.

우리의 과거가 한 번 실패했다 할지라도, 지금 결혼의 시기가 조금 늦는다고 할지라도, 하나님께서 우리를 위해 새 일을 행하실 것이며 축복하실 것입니다. 믿음을 갖고 늦더라도 믿음의 원칙을 지키며 자녀들의 미래를 주님이 도우실 것이라는 확신을 갖고 기다리고 축복하고 기도할 수 있기를 바랍니다. 늦었다고 아무나와 막 해버리고, 눈에 좋다고 그냥 막 해버리면 안 됩니다. 믿음의 사람들이 믿음의 원칙을 갖고 하나님 말씀을 믿고 나갈 때 여호와 이레를 경험하는 축복이 반드시 있을 줄로 믿습니다.

부모 권위 아래에 있었던 자녀가 이제는 그 주도권을 갖고 떠나는 것이 결혼입니다. 부모와 헤어지는 게 결혼입니다. 주도권을 이양하는 것입니다. 부모가 조종하고 마마보이나 마마걸처럼 계속해서 간섭하지 마시고, 아들의 아내를 구할 수 있도록 해야 합니다. 부모의 아내를 구하는 게 아니고, 딸의 배우자, 아들의 배우자를 구할 수 있도록 여러분들이 울타리가 되어 주시고 축복할

결혼, 이렇게 준비하라

수 있기를 바랍니다.

"그 종이 이에 그의 주인 아브라함의 허벅지 아래 손을 넣
고 이 일에 대하여 그에게 맹세하였더라"(창 24:9).

이제 종은 마지막 사명, 아브라함의 마지막 막중한 사명을 붙
잡고 길을 떠납니다. 이 엘리에셀이 누구입니까? 아브라함의 후
계자가 될 뻔했던 사람입니다. 아브라함의 후계자가 될 뻔했던
사람이 진짜 후계자 이삭이 태어나니까 이삭의 배우자를 찾는 종
으로 해야 할 역할을 감당하고 있는 모습이 너무 아름답지 않습
니까?

이 종은 한 번도 주인 행세를 한 적이 없습니다. 종은 출발할
때 낙타 열 마리에, 상상할 수 없는 엄청난 패물을 싣고 800km
되는 하란 땅으로 출발합니다. 한 달 이상 걸리는 길입니다. 늙은
종입니다. 못 가겠다고, 힘들다고, 나이가 많다고 불순종할 수 있
지만, 그래도 순종하고 갑니다.

우리가, 우리 가정이, 교회가 망가지는 이유는 주인 노릇 할 때
입니다. 가정과 교회의 주인은 하나님이십니다. 목사도, 성도도,
교회의 주인이 아닙니다. 남편도 아내도 가정의 주인이 아닙니
다. 우리는 종이라는 사실을 기억하고 주인 되신 하나님께서 내
게 맡겨주신 그 막중한 사명을 붙잡고 인생을 드리며 충성할 수

있는 우리가 될 수 있기를 축복합니다.

엄청난 패물을 실었습니다. 그것을 다 갖고 도망가면 평생 먹고도 남을 수 있는 엄청난 재물입니다. 하지만 종은 자기 생각대로 하지 않습니다. 목적지를 바꾸지 않습니다. 다른 생각을 하지 않습니다. 한 번도 주인을 욕한 적이 없습니다. '나는 종이다. 하나님께서 주인님, 아브라함을 축복해 주시고... 나의 주인 아브라함, 나의 주인 아브라함, 나의 주인 아브라함, 나는 종, 종, 종'이라는 생각이 떠나지 않는 것입니다.

종은 하란이 어딘지도 모르고, 혹 하란은 알더라도 하란 어디를 가야 하는 건지, 도대체 이삭의 아내를 어떻게 만나는 건지, 알 수가 없었지만, 믿고 가는 것입니다. 믿고 가는 길에 주께서 여호와 이레의 축복을 허락해 주실 것입니다. 사랑하는 여러분, 우리의 인생이 막막하지 않습니까? 누구를 구해야 할지, 어디를 가야 할지 몰라도, 우리를 주님은 사랑하셔서 선택하시고 우리의 미래를 열어주십니다.

"내게 허락하신 시련을 통해 나의 믿음 더욱 강하게 자라나고
험한 산과 골짜기 지나는 동안 주께 더 가까이 나를 이끄시네.
내가 겪는 시험이 어렵고 힘겨워도 내 주님보다 크지 않네."

저는 이 가사가 얼마나 좋은지 모르겠습니다. 내가 겪는 이 시

결혼, 이렇게 준비하라

련과 문제가 크다 할지라도 우리 안에 있는 이가 세상에 있는 이보다 더 크심이라! 그 주님께서 내 앞의 바다가 갈라지게 하실 것입니다. 여러분 믿으세요. 바다가 갈라집니다. 고난이 뚫어집니다. 만약에 갈라지지 않으면, 변하지 않으면, 주가 우리를 바다 위로 걷게 하실 것입니다. 할렐루야!

"나는 믿네. 내 주의 능력으로 내 삶 새롭게 되리, 나는 믿네. 주의 능력으로 담대히 나아가리라. 나는 믿네. 주와 함께 싸워 승리하리라. 날마다 믿음으로 나 살아가리."

이 놀라운 고백이 우리 인생 가운데 큰 격려와 축복이 되기를 주의 이름으로 간절히 축원합니다.

이렇게 아름다운 하늘 아래

조현주

이렇게 아름다운 하늘 아래
일생 중 가장 아름다운 모습으로
우리 마주 보는 눈길 속에
하나님의 축복이 함께 합니다
지친 가슴과 영혼 마음으로 위로받고
거친 세상 속의 상처
한 맘으로 어루만져질 사랑의 터전

오늘 푸르른 하늘 아래 눈부신 저 햇살에
두 사람이 이루는 사랑의 서약
참된 사랑 기쁨 평안이 주 안에서 하나 되어
행복한 가정을 축하하리

이렇게 아름다운 하늘 아래
모두가 축하하는 사랑의 노래
하늘의 천사들과 우리 모두
기쁨으로 당신을 축하합니다
행복한 새 가정에 하나님 사랑 깃들고
둘이 하나로 살아갈
영원토록 넘쳐나는 하나님 축복

결혼, 이렇게 준비하라

오늘 푸르른 하늘 아래 눈부신 저 햇살에
두 사람이 이루는 사랑의 서약
참된 사랑 기쁨 평안이 주 안에서 하나 되어
행복한 가정을 축하하리

배우자의 조건

창 24:10-22

"이에 종이 그 주인의 낙타 중 열 필을 끌고 떠났는데 곧 그의 주인의 모든 좋은 것을 가지고 떠나 메소보다미아로 가서 나홀의 성에 이르러"(창 24:10).

이제 종이 아브라함의 메시지를 듣고 그 먼 거리 하란 땅으로 출발합니다. 800km가 넘습니다. 걸어서 30일 걸리는 그 고난의 길을 마다하지 않고 나이 많은 엘리에셀은 종들과 낙타 열 필을 끌고 출발하는 것입니다. 쉬운 일이 아닐 것입니다. 강도를 만날 수도 있습니다. 그런데도 가는 것입니다. 누구를 만날지, 어떻게 만날지 잘 모릅니다. 하지만 이 종은 아브라함의 메시지를 듣고 믿음으로 출발합니다.

하나님의 약속의 말씀을 붙잡고 믿음으로 출발할 때 우리의 길

결혼, 이렇게 준비하라

을 열어주시는 놀라운 축복을 허락해 주실 줄로 믿습니다. 하나님이 예비하십니다. 하나님이 하십니다. 하나님이 도와주십니다.

이 종이 주인의 모든 좋은 것을 가지고 갑니다. 종이 자기의 좋은 것을 가지고 가는 것이 아니라 주인의 모든 좋은 것을 가지고 가는 것입니다. 우리가 주의 일을 할 때 내 힘으로 하는 것이 아닙니다. 내 실력, 내 능력으로 하는 것이 아니라 하나님의 능력, 하나님의 은혜, 하나님의 선물로 주의 일들을 감당하는 줄로 믿습니다.

어마어마한 주인의 모든 좋은 것을 신부에게 주려고 가지고 갑니다. 주님께서 우리 가운데 오실 때 빈손으로 오지 않습니다. 주인이신 하나님의 좋은 모든 것을 우리에게 주시려고 찾아오시는 분인 줄로 믿습니다.

주님을 만나면 그리스도의 신부 된 우리가 영생의 축복, 구원의 축복, 주인의 좋은 모든 선물을 받을 뿐만 아니라 주님과 동행하며 살아갈 때 하나님의 은혜가 쏟아질 줄로 믿습니다.

요한복음 4장에 보면 수가성 여인이 나옵니다. 주님이 그 여인을 만나려고 하지 않습니까? 그런데 이 여인은 주님을 잘 몰랐습니다. 주님이 말씀하십니다.

"예수께서 대답하여 이르시되 네가 만일 하나님의 선물과
또 네게 물 좀 달라 하는 이가 누구인 줄 알았더라면 네가 그

에게 구하였을 것이요 그가 생수를 네게 주었으리라"(요 4:10).

네가 내가 누구인지 알았더라면 내가 너희에게 어떤 선물을 줄 것을 알았더라면, 너는 나에게 구하였을 것이요, 내가 너에게 어마어마한 것을 쏟아부어 주겠다는 것입니다.

주님을 만난 사람, 주님을 기대하는 사람, 그리고 하나님께서 우리 가운데 부어주실 것을 기대하는 사람, 그 사람에게 우리 하나님께서 은혜를 부어주실 줄로 믿습니다.

필자가 정말 좋아하는 성경, 고린도전서 2장 9절 말씀입니다.

"기록된바 하나님이 자기를 사랑하는 자들을 위하여 예비하신 모든 것은 눈으로 보지 못하고 귀로 듣지 못하고 사람의 마음으로 생각하지도 못하였다 함과 같으니라."

우리에게 주고 싶어 하시는 모든 것은 지금까지 눈으로 보지 못한 것이며, 귀로 듣지 못한 것이며, 사람의 마음으로 생각하지도 못했던 것들입니다. 이것들을 우리 인생 가운데 부어주셨고, 앞으로 부어주실 것 입니다. 상상 이상으로 주께서 채워 주시는 것입니다.

그 먼 거리를 기도하며 믿음으로 걸어갔던 종은 이제 나홀의 성에 도착합니다. 도착하자마자 무엇을 할까요?

결혼, 이렇게 준비하라

"그가 이르되 우리 주인 아브라함의 하나님 여호와여 원하건대 오늘 나에게 순조롭게 만나게 하사 내 주인 아브라함에게 은혜를 베푸시옵소서"(창 24:12).

좋은 기도로 시작합니다. 믿음으로 시작하고 기도로 시작하는 것입니다. 누구한테 배웠을까요? 당연히 아브라함에게서 배웠겠지요. 그의 믿음, 그의 기도는 아브라함을 통해서 배웠던 것입니다.

우리가 기도할 때 하나님께서 일하여 주십니다. 우리가 만나는 것은 우연이 아닙니다. 하나님의 축복입니다. 만남을 위해서 기도하셔야 합니다. "하나님, 우리 가운데 만남의 축복을 허락하여 주시옵소서. 좋은 동역자들을 붙여 주시옵소서." 주님이 은혜로 함께해 주셔야 사람들을 만날 수 있고, 교제할 수 있고, 승리할 수 있게 되는 것입니다.

우리가 기도하지 않으면 응답이 없습니다. 기도할 때 응답이 있습니다. 필자는 종의 자세를 보면서 얼마나 은혜가 되는지 모르겠습니다. 종은 늘 이렇게 고백합니다. "나의 주인, 우리 주인, 아브라함의 하나님."

사람이 언제 타락하는지 아십니까? 바로 종이 주인 노릇 할 때 타락합니다. 아담이 하나님처럼 되려고 주인 노릇 하려다가 타락하는 것입니다. 천사가 하나님처럼 되려고 하다가 마귀로 타락하는 것입니다. 이 세상의 주인은 오직 하나님이십니다.

이 종이 두 가지를 위해서 기도합니다.

한 가지는 "하나님, 오늘 나에게 순조롭게, 형통하게 앞날을 열어주시옵소서. 누구를 만나야 할지, 어떻게 만나야 할지, 하나님께서 순조롭게 인도해 주시옵소서."

주님과 함께하면 주님이 도와주십니다. 주님이 지혜를 주십니다. 감당할 힘을 주십니다. 고난이 있어도 주님과 함께 더불어 믿음으로 살아가는 역사 있기를 간절히 소원합니다. 그다음에 무엇을 구합니까?

"하나님, 나의 주인 아브라함에게 은혜를 더하여 주시옵소서."

은혜가 임해야 만날 수 있는 것입니다. 은혜가 임해야 순적하게 살아갈 수가 있는 겁니다. 여러분의 배우자에게 이렇게 고백했으면 좋겠습니다.

"당신은 하나님께서 내게 주신 은혜의 선물입니다."

은혜가 임하면 아름답습니다. 은혜가 임하면 감동이 있습니다. 은혜가 임하면 축복이 있고 향기가 납니다. 그런데 은혜가 임하지 않고 내 힘으로, 내 지혜로 하려고 하면 뻑뻑하고 냄새나고 짜

결혼, 이렇게 준비하라

증 나고 좋지가 않습니다.

> "그의 대답이 마시라 내가 당신의 낙타에게도 마시게 하리
> 라 하면 그는 주께서 주의 종 이삭을 위하여 정하신 자라"
>
> **(창 24:14).**

종의 고백이 그냥 감정적으로, 순간적으로 나오는 고백이 아닙
니다. 헤브론에서 하란 땅까지 800Km가 넘는 30일 동안의 길을
걸어가면서 어떻게, 어디를, 누구를, 또한 어떻게 말할지, 무엇을
줄까에 대해 준비하며 기도하며 고민하며 묻고 묵상하며 가는 결
론이 14절입니다.

우리 인생 가운데 무슨 일을 할 때, 누구를 만날 때, 준비 기도
가 이렇게 중요한 것입니다. 이것은 그냥 나온 얘기가 아니라 하
나님 어떻게 만날까요? 하나님 어떻게 해야 할까요? 하나님 도와
주세요. 하나님 누구를 선택할까요? 내가 어떻게 말을 할까요?
어떻게 하면 되겠어요? 주님께 묻고 또 묻고 묵상하며 기도하며
나아갑시다.

이 종은 정말 지혜로운 사람입니다. "내게 물 좀 주세요"라고 하
면 '여인이 물을 주고'가 첫 번째입니다. 두 번째는 낙타들도 목이
마를 것 같다며 "제가 낙타 열 필에게 물을 다 먹여 주겠어요"라고

말하는 사람을 주님이 내게 정하신 사람으로 알겠다는 것입니다.

낯선 남자에게 물을 힘들게 길어서 준다는 것, 그리고 목마른 낙타 열 마리까지 물을 먹인다는 것은, 이 여인이 아주 친절하고 적극적으로 선을 행하며 건강하다는 것입니다. 순종한다는 것입니다. 섬김이 있다는 것입니다. 사랑이 있다는 것입니다. 봉사가 있다는 것입니다.

억지로가 아닙니다. 누가 시켜서가 아니고 "오, 나그네여! 당신뿐만 아니라 내가 이 낙타에게도 다 주겠습니다"라고 말한다는 것은 그 안에 헌신적인 마음, 희생적인 마음, 아름다운 마음이 없이는 절대 할 수 없는 일입니다.

종은 이삭의 신부감을 위해 기도하면서 황당하고 신비하게 하는 것이 아니라 아주 합리적이고 지혜롭게 기도하고 결정합니다. 아브라함의 아들의 아내를 얻을 때는 이 정도의 사람을 얻어야 하겠다고 마음에 결심하고 기도한 것입니다.

낙타 한 마리가 보통 80~100ℓ를 먹습니다. 10마리의 낙타에게 물을 먹이려면 몇 리터가 필요할까요? 800~1,000ℓ가 필요합니다. 그런데 물동이가 보통은 10ℓ고, 큰 것이 20ℓ입니다. 그리고 우물이 지면의 지하에 있습니다. 계단으로 내려갔다가 다시 올라와야 합니다. 물동이를 내려서 떠야 하고 올라와야 합니다. 이것은 결코 쉬운 일이 아닙니다.

그런데도 신속하고 적극적으로 자원해서 물을 주겠다는 사람이

결혼, 이렇게 준비하라

라면 하나님께서 내게 주신 사람인 줄로 알겠다고 말하는 것입니다.

여러분들이 정말 이렇게 아름다운 성실함, 사랑, 섬김, 배려, 축복, 나눔, 아름다운 신앙의 인격이 있기를 축복합니다.

> "말을 마치기도 전에 리브가가 물동이를 어깨에 메고 나오니 그는 아브라함의 동생 나홀의 아내 밀가의 아들 브두엘의 소생이라"(창 24:15).

하나님의 역사는 정확합니다. 말을 마치기도 전에, 기도 후가 아니라 기도하는 가운데 하나님은 역사해 주셨습니다. 나홀은 아브라함의 동생입니다. 그리고 아브라함의 동생인 나홀이 밀가와 결혼해서 낳은 아들이 브두엘이고, 브두엘의 아들은 나발이고, 딸이 리브가입니다. 아브라함 동생의 손주를 만난 것입니다. 하나님은 정확하십니다. 하나님은 정확하게 응답해 주십니다.

우리가 기도하기로 작정만 해도 벌써 하나님은 움직이십니다. 말을 마치기도 전에, 기도를 마치기도 전에 주님이 역사해 주시는 것입니다.

> "그들이 부르기 전에 내가 응답하겠고 그들이 말을 마치기 전에 내가 들을 것이며"(사 65:24).

필자의 교회는 주일예배 시간에 3층 중보기도실에서는 성도들이 은혜받기를 중보기도팀이 기도하고 있습니다. 또한, 매주 화요일마다 사랑하는 성도들이 하나님의 은혜를 공급받는 일을 위해서, 설교자를 위해서, 환우들을 위해서, 이 나라와 민족과 열방을 위해 기도하고 있습니다.

필자는 여러분들을 축복합니다. 계속해서 기도합니다. "하나님, 우리 사랑하는 성도들, 어려운 이 시대에, 이 예배 시간에 강력한 주의 은혜가 임하게 하여 주시옵소서." 매일 기도합니다. 우리의 모든 것은 기도 응답의 결과입니다.

우리가 정말 기도하면서 주께서 여러분의 자녀들에 대한 기도를 어떻게 응답하시고 역사하시는지를 볼 수 있기를 간절히 바랍니다.

이 종은 30일 동안 걸어가면서 계속해서 기도하자 주님이 정확하게 만남의 축복을 허락해 주십니다. 리브가가 이런 사람으로 등장합니다.

"그 소녀는 보기에 심히 아리땁고 지금까지 남자가 가까이 하지 아니한 처녀더라 그가 우물로 내려가서 물을 그 물동이에 채워 가지고 올라오는지라"(창 24:16).

이 세상의 배우자에게 줄 수 있는 최고의 선물은 영적인 순결입

결혼, 이렇게 준비하라

니다. 배우자에게 줄 수 있는 최고의 선물은 육체의 순결입니다. 여러분들이 정확하게 성경적으로 제시하며 자녀들을 훈련할 수 있기를 축복합니다. 첫 단추가 잘못 끼워지면 가정 천국을 이룰 수가 없습니다. 감사한 것은 이런 기도를 안 했는데도 주께서 아리따운 여자로 순결한 여자를 주께서 예비시켜 주셨다는 것입니다. 그래서 이 종이 달려가서 "소녀여, 나에게 물 좀 주십시오"라고 했습니다. 리브가가 이렇게 응답합니다.

> "그가 이르되 내 주여 마시소서 하며 급히 그 물동이를 손에 내려 마시게 하고"(창 24:18).

기도대로 정확하게 응답하시는 하나님을 찬양합니다.
"싫어요, 당신이 떠먹어요. 나는 힘들어요." 이렇게 하지 않습니다.
'급히' 이 말은 무슨 말입니까? "너무 목마르시군요. 제가 드릴게요. 빨리 드세요"라고 하며 자원하는 마음으로 기쁨으로 적극적으로 했다는 말입니다. 여러분, 하나님은 이렇게 기쁨으로 적극적으로 일하는 사람을 기뻐하십니다. 리브가의 섬김은 계속됩니다.

> "마시게 하기를 다하고 이르되 당신의 낙타를 위하여서도 물을 길어 그것들도 배불리 마시게 하리이다 하고 급히 물

동이의 물을 구유에 붓고 다시 길으려고 우물로 달려가서
모든 낙타를 위하여 긷는지라"(창 24:19-20).

"나그네여, 잠시만요. 옆에 낙타가 많이 있네요. 제가 먹일게요."
한 번도 아니고 두 번도 아니고 급히 달려가서 물동이를 내려놓
고 올라가서 또 내려가고 또 올라가고 열 번씩이나 더 반복하며
물을 먹이는 리브가입니다. 리브가가 억지로 일을 하는 게 아닙
니다. 누가 시켜서 하는 것이 아닙니다.

어떤 사람은 하나 시키면 하나만 합니다. 어떤 사람은 하나 시
키면 그 옆 주변의 것도 합니다. 이 얼마나 멋집니까! 바로 즉시
하는 것입니다. 급히 하는 것입니다. 급히 나그네에게 물을 주고
급히 낙타에게 물을 줍니다.

하나님의 말씀의 은혜가 우리 가운데 임하기를 축복합니다. 그
리고 그 말씀을 즉시 순종하고 적용하고 살아가기를 바랍니다. 지
금 즉시 순종하지 않으면 그 은혜가 사라집니다. 말씀을 받았으면
즉시 달려가서 적용하고 열매를 맺는 역사가 있어야 합니다.

리브가는 종만 생각하는 것이 아니라 주변도 생각합니다. 배우
자만 생각하는 것이 아니라 부모님도 생각하고 형제도 생각하는
이 배우자, 얼마나 아름답습니까? 우리에게 이 섬김의 은혜, 사
랑의 은사가 넘쳐나기를 축복합니다.

필자의 교회에서는 대 계명, 대 사명을 강조합니다. 대 계명이

무엇입니까? 하나님을 사랑하는 것뿐만 아니라 내 이웃을 내 몸과 같이 사랑하는 것입니다. 마태복음 25장에서 "네 형제 중에 그 옆에 있는 형제 중에 지극히 작은 자에게 한 것이 곧 내게 한 것이다"라고 하셨습니다. 여러분이 옆에 있는 모든 사람을 리브가처럼 섬기며 사랑하며 축복하기를 원합니다.

잠시 리브가를 한 번 상상해 보겠습니다. 그 얼굴에 그늘진 곳이 있을까요? 그 얼굴에 불평이 있을까요? 원망이 있을까요? 짜증이 있을까요? 없습니다.

기쁨이 충만하고 은혜가 충만하고 행복이 충만할 것입니다. 감동이 충만하고 적극적으로 기쁨으로 물을 나릅니다. 리브가가 예뻐서 예쁜 것이 아닙니다. 이 세상에 예쁜 사람은 누구입니까? 그 안에 은혜가 있고 사랑이 있고 축복이 있고 감동이 있고 섬김이 있고 순종이 있고 사랑이 있는 사람이 예쁜 사람인 줄로 믿습니다.

리브가는 하루아침에 된 인격이 아닙니다. '훈련된 인격'입니다. '훈련된 인격'은 어릴 때부터 순종이 습관이 되고 사랑과 섬김이 습관이 되고 삶이 된 사람입니다.

"그 사람이 그를 묵묵히 주목하며 여호와께서 과연 평탄한 길을 주신 여부를 알고자 하더니"(창 24:21).

이제 종이 리브가를 묵묵히 쳐다봅니다. 종은 도와주지 않고 지켜보고 있는 것입니다. 기도 응답이 어떻게 이루어지고 있는지, 저 여자가 진짜 똑바로 헌신하는지, 하는 척하는지, 한두 번하고 말 것인지, 아니면 꾸준히 하는지, 기쁨으로 하는지, 사랑으로 하는지 성실한지를 지금 묵묵히 쳐다보고 있는 것입니다.

하나님은 지금 여러분의 예배를 보고 계십니다. 어떻게 예배하는지, 어떻게 찬송하는지, 어떻게 말씀을 듣고 있는지, 주님이 다보고 계십니다. 어떻게 기도하고 있는지, 어떻게 봉사하고 있는지, 기쁨으로 하고 있는지, 책임 있게 성실하게 겸손하게 사랑의마음을 갖고 하고 있는지, 아니면 도망가서 하고 있는지, 억지로하는 척하고 있는지 하나님은 다 알고 계십니다.

불신자들도 여러분들을 다 보고 있습니다. 진짜 예수 믿는 사람인지, 자기 직원이, 자기 상사가 교회를 간다고 하는데, 진짜그리스도인인지 가짜 그리스도인지 안 믿는 사람도 다 압니다. 어떻게 생각하는지, 어떻게 말하는지, 어떻게 행동하는지, 주님이 묵묵히 우리를 보신다는 사실을 기억하시고 우리가 하나님 앞에서 신실하게 말하고 신실하게 생각하고 신실하게 생활할 수 있기를 축복합니다.

"낙타가 마시기를 다하매 그가 반 세겔 무게의 금 코걸이
한 개와 열 세겔 무게의 금 손목고리 한 쌍을 그에게 주
며"(창 24:22).

결혼, 이렇게 준비하라

얼마나 감동인지요! 이 여인이 다가와서 열심히 봉사합니다. 막 내려가고 올라오고 달려가서 낙타에게 물을 줍니다. 다 보고 있는 종이 너무 감동하여 낙타 열 필에 싣고 온 주인의 좋은 모든 것 중 작은 일부를 주었습니다. 반 세겔 코걸이, 열 세겔 금 손목고리, 이것은 장정의 1년 연봉 정도 됩니다. 몇천만 원 됩니다.

우리의 수고, 우리의 열정, 땀, 섬김, 사랑, 봉사, 주님이 기억해 주십니다. 다 갚아 주십니다. 여러분이 찬양하는 그 아름다운 모습 속에, 오늘도 시간을 드리고 물질을 드리고 헌신하고 봉사하는 것을 하나님이 지켜보시고 바라보시고 은혜로 다 채워주시며, 하늘의 상급으로 은혜로 축복으로 역사해 주십니다. 이 놀라운 사실을 기대하셔야 합니다.

마지막 날에 하나님께서 잘했다고 칭찬하십니다. "잘했다 충성된 종아! 네가 작은 일에 충성하였으니 내가 너에게 갚아 주리라."

이 놀라운 약속의 말씀을 믿으시고 하나님의 썩지 않을 면류관으로, 썩지 않을 영광의 관으로 상급으로 갚아 주심을 기대하십시오.

"네가 죽도록 충성하라. 그리하면 내게 생명의 관을 네게 주리라."

한 몸

장진숙

너는 너라서 좋고 나는 나라서 좋은
서로 다르기에 서로가 소중한 우리는 한 몸
이건 이래서 좋고 저건 저래서 좋은
있는 모습 그대로 모두가 소중한 우리는 한 몸

우리는 한 몸으로 부르심을 받았나니 주께 감사 찬양 드리세
평강의 주님 우리와 함께하시니 평강 위에 흔들리지 말자
자비 겸손과 온유 서로 오래 참아주며
하나님의 택하신 거룩한 자녀 서로 사랑하자

너는 너라서 좋고 나는 나라서 좋은
서로 다르기에 서로가 소중한 우리는 한 몸
이건 이래서 좋고 저건 저래서 좋은
있는 모습 그대로 모두가 소중한 우리는 한 몸

우리는 한 몸으로 부르심을 받았나니 주께 감사 찬양 드리세
평강의 주님 우리와 함께하시니 평강 위에 흔들리지 말자
자비 겸손과 온유 서로 오래 참아주며
하나님의 택하신 거룩한 자녀 서로 사랑하자
서로 사랑하자 서로 사랑하자

결혼, 이렇게 준비하라

배우자의 가정

창 24:23-27

본문 말씀에서 아브라함의 종이 여인에게 결정적인 질문을 던집니다.

"네가 누구의 딸이냐?"
"나는 밀가가 나홀에게서 낳은 아들 브두엘의 딸이니이다"(창 24:23).

"너는 누구의 딸이냐?" 이것이 이삭의 아내를 얻는 일에 가장 중요한 질문입니다. 아무리 똑똑하고, 예쁘고, 성실하고 능력 있고, 사랑이 많아도, 아브라함의 형제의 친척이 아니면 안 되는 것입니다.

하나님께서 선하게 인도해 주신 것입니다. 아브라함으로 하여

금 정확한 성경적 기준, 하나님의 기준을 제시했는데, 바로 그 사람 나홀과 밀가의 아들 브두엘의 자녀 리브가입니다.

나홀이 누구입니까? 아브라함의 동생입니다. 나홀의 손주입니다. 그러니까 하나님께서 원하고 기대하는 사람, 정확하게 만남의 축복을 허락해 주셨습니다.

능력 많고 돈 많은 사람은 가나안 땅에 많습니다. 그러나 그런 사람이 배우자가 아닙니다. 가나안 땅은 약속의 땅이기 때문에 이곳에서 살아야 합니다. 그러나 "우상이 많고 범죄가 들끓는 이곳의 여자는 안 된다"라고 말하면서 자기의 형제 친척 집 하란 땅에 가서 구해 오라는 아브라함의 부탁이 있었습니다.

여러분은 배우자를 구할 때, 사위와 며느리를 구할 때, 무엇을 보십니까?

정말로 하나님을 경외하는 사람, 하나님을 두려워하는 사람, 하나님을 섬기는 사람을 선택할 수 있기를 축복합니다. 그 사람을 통해서 그의 가정과 후손들 가운데 하나님의 언약의 복이 흘러갈 줄로 믿습니다.

두 번째로 종은 여인에게 이렇게 질문합니다. "네 아버지의 집에 우리가 유숙할 곳이 있느냐?" 여인은 "우리에게는 유숙할 곳이 있을 뿐만 아니라 짚과 사료도 있습니다"라고 대답합니다. 얼마나 현명하고 지혜로운 여인입니까? 유숙할 곳이 있냐고 질문하자 낙타까지 생각하며 대답합니다. 마음과 생각이 참 깊습니

결혼, 이렇게 준비하라

다. 우리 모두 다 이런 사람 되기를 축복합니다. 질문만이 아니라 그 주변까지도 생각하는 이 여인의 배려심이 아름답지 않습니까!

이 대답을 통해서 리브가의 집안이 어떤 집안인지 알 수 있습니다. 이웃과 더불어 살지 못하는 폐쇄적인 가정이 아니라 모두를 축복하고 섬기는 모습이 가득합니다. "우리 집에는 유숙할 곳이 많습니다. 낙타를 위하여 짚과 사료가 준비되어 있습니다. 우리 아버지는 노하지 않습니다. 환영합니다. 언제든지 오시면 기쁨으로 섬기겠습니다." 이런 식으로 말하는 리브가의 가정은 밝고 섬기는 가정, 축복의 가족인 것을 바로 알 수가 있습니다.

어떤 가정이 아름다운 가정입니까? 어떤 가정이 쓰임 받는 가정입니까? 돈이 많고 풍족한 가정이 아니라 나눌 줄 알고 섬길 줄 알고 베풀 줄 아는 가정이 주께서 기뻐하는 가정, 아름다운 가족인 줄로 믿습니다.

이 가정은 준비되어 있습니다. 준비된 가정이 쓰임 받는 것이고, 준비된 사람이 쓰임 받는 것입니다. 준비된 나라와 기업과 교회가 쓰임 받는 줄로 믿습니다.

말씀으로 준비하고, 기도로 준비하고, 사랑과 섬김으로 준비하는 교회라면 넉넉히 주께서 기회를 주실 것이고 하나님께서 우리를 사용해 주실 줄로 믿습니다.

한번은 성도의 가정에 심방을 갔는데 깜짝 놀랄 일을 보았습니다. 자기가 사는 집보다 더 아름다운 게스트 하우스가 지어져 있었습니다. 선교사님들을 섬기고, 주의 종들을 섬기고, 나그네를 섬긴다는 것입니다. 이렇게 준비된 아름다운 가정을 주님께서 쓰실 줄로 믿습니다.

하나님께서 예비하신 영혼이 정확한 것입니다. 기도 응답이 정확한 것입니다. 종은 이렇게 고백합니다.

"이에 그 사람이 머리를 숙여 여호와께 경배하고 나의 주인
아브라함의 하나님 여호와를 찬송하나이다"(창 24:26).

종은 기쁨이 넘치고 감동이 된 것입니다. 하나님이 일하시니 틀림없습니다. '바로 이 여자다'라고 할 때 종은 여인을 붙들고 고맙다고, 여인의 집에 달려가 부모에게 고맙다고도 말하지 않습니다. 먼저 하나님께 영광을 돌리고 찬송하고 경배하고 감사하는 종의 태도가 너무 귀합니다.

우리 인생의 목적이 무엇입니까? 하나님께 찬양하고 영광을 돌리고 경배하는 것입니다. 머나먼 길을 오는 것도 쉬운 일이 아니었고, 만나는 것도 쉬운 일이 아니고, 막막하고 어렵고 힘든 과정이었지만 하나님이 응답하셨습니다.

"하나님이 도우셨습니다. 하나님이 역사해 주셨습니다. 하나님

이 만남의 축복을 주셨습니다. 하나님, 감사합니다. 하나님, 감사합니다." 이 모습을 통해서 종이 기도의 사람이라는 것을 알 수 있습니다. 종은 출발할 때 기도하고, 과정에도 기도하고, 마무리도 기도하는 것입니다. 이것이 큰 감동입니다.

사람들은 준비 기도를 많이 합니다. 내가 누구를 만날 때, 무슨 일을 할 때 준비 기도는 하는데 끝난 다음에는 어떻게 합니까? 내가 아플 때는 기도를 많이 하는데 완쾌되면 끝 아닙니까? 어려울 때는 기도하는데 잘되면 끝 아닙니까? 이 종처럼 일이 끝나도 하나님께 감사하고, 하나님을 찬양하고 경배해야 합니다.

필자도 예배가 끝나거나 집회가 끝나고 나면 돌아서서 일부러라도 입술을 벌여서 "하나님, 감사합니다. 하나님, 사용해 주셔서 감사합니다. 하나님, 쓰임 받게 해 주셔서 감사합니다. 주께서 영광 받으시옵소서! 주님이 하셨습니다"라고 고백하며 기도합니다. 고백할 때에 또 다른 은혜가 계속해서 부어주는 줄로 믿습니다. 마무리 기도하는 것, 끝난 다음에 기도하는 것이 우리의 습관이 될 수 있기를 간절히 원합니다.

하나님의 놀라운 사건들을 통해서 여러분의 인생을 아름답게 승리하기를 축복합니다.

"나의 주인에게 주의 사랑과 성실을 그치지 아니하셨사오며"(창 24:27).

종은 나에게 이렇게 복을 주셨다고 기도하지 않고 "나의 주인 아브라함에게 하나님께서 역사하시고, 은혜 주시고, 인자와 성실과 사랑으로 복을 주셨습니다. 감사합니다"라고 고백합니다.

필자는 하나님께서 은혜를 부으셔서 사역을 감당하고, 때마다, 일마다 하나님께서 은혜를 쏟아부어 주시는 것을 느낍니다.

우리 교회 어떤 성도는 필자를 볼 때마다 이런 말을 합니다. "목사님, 좋겠어요. 목사님, 좋겠어요. 이런 분도 붙여주시고, 저런 분도 붙여주시네요."

"주의 인자는 끝이 없고 주의 자비는 무궁하며 아침마다 새롭고 늘 새로우니 주의 성실이 큼이라 성실하신 주님."

우리가 구원받는 것도 하나님의 열심 때문입니다. 우리가 쓰임 받는 것도 다 하나님의 열정, 하나님의 은혜, 하나님의 인자, 하나님의 성실하심 때문입니다.

"이르되 나의 주인 아브라함의 하나님 여호와를 찬송하나이다 나의 주인에게 주의 사랑과 성실을 그치지 아니하셨사오며 여호와께서 길에서 나를 인도하사 내 주인의 동생 집에 이르게 하셨나이다 하니라"(창 24:27).

결혼, 이렇게 준비하라

"여호와께서 길에서 나를 인도해 주셔서 이 아브라함의 동생 집에 이르게 하셨나이다. 아들의 아내 구하는 것, 아브라함의 며느리 구하는 것, 내가 잘해서, 내가 노력해서, 내가 능력이 많아서, 내가 지혜가 많아서 여기까지 온 것이 아니라 여호와 하나님께서 인도하셨습니다"라고 종은 고백하는 것입니다.

이것을 누구에게 배웠을까요? 원래 이 종은 이방인이었습니다. 다메섹 사람이었습니다. 그런데 아브라함을 만나게 되면서 이름이 바뀌었습니다. '엘리에셀', '하나님은 나의 도움이시다'라는 뜻의 이름으로 바뀐 것입니다. 종의 믿음, 종의 기도는 주인인 아브라함을 통해서 배운 것인 줄로 믿습니다.

"하나님이 하셨습니다." "하나님이 하십니다." "하나님이 하실 것입니다." 평생 저와 여러분이 이 고백을 할 수 있기를 간절히 바랍니다.

자녀를 위해서 할 수 있는 최고의 지원은 기도입니다. "하나님, 자녀들을 인도해 주십시오. 우리 자녀들의 미래를 열어주십시오. 만남의 축복을 주십시오"라고 부모가 배후에서 기도하고 축복하고 간구하고 중보할 때 하나님은 하나님의 일들을 이루어 주십니다.

중보기도가 무엇입니까? 나를 위한 기도가 아닙니다. 나 잘되려고 하는 것이 아니지 않습니까? "하나님, 저 영혼을 축복해 주시고, 저 영혼을 인도해 주시고, 저 사람을 축복해 주시고, 세워 주시고..." 중보기도는 최고의 사랑입니다. 시간을 드리고, 마음

을 드리고, 열정을 드리고 그 사람을 축복하는 이 아름다운 기도
가 사랑하는 사람을 살리는 줄로 믿습니다.

이제 라반이 등장합니다.

"소녀가 달려가서 일을 어머니 집에 알렸더니 리브가에게
오라버니가 있어 그의 이름은 라반이라 그가 우물로 달려
가서 그 사람에게 이르러"(창 24:28).

"그의 누이의 코걸이와 그 손의 손목고리를 보고 또 그의
누이 리브가가 그 사람이 자기에게 이같이 말하더라 함을
듣고 그 사람에게로 나아감이라 그 때에 그가 우물가 낙타
곁에 서 있더라"(창 24:30).

이제 지금 종이 하나님께 경배하고 하나님께 영광 돌리고 있는
데 리브가가 그것을 다 봅니다. 그래서 리브가가 집으로 달려갑
니다. 집에 가서 내가 종을 만났는데 아브라함이 자신의 주인이
라고 말하고, 며느리를 구하려고 여기까지 왔고, 그가 어떻게 기
도했는지 자세히 설명해서 집안 식구들이 다 알게 되었습니다.
그때 브두엘의 아들이고 리브가의 오빠인 라반이 그 이야기를 듣
고 달려 나왔습니다. 라반은 리브가의 코걸이, 손목고리를 보았
습니다. 성인 남성 1년 연봉 정도 되는 것을 바로 알았을 것입니

결혼, 이렇게 준비하라

다. 또한, 보석이 가득 실린 낙타를 봅니다.

라반이 누구입니까? 욕심 많고 돈 밝히는 사람입니다. 나중에 이삭과 리브가가 결혼한 다음에 에서와 야곱을 낳습니다. 그리고 야곱이 에서의 장자권을 사지 않습니까? 그리고 에서가 이삭의 축복을 받은 야곱을 죽이려고 하니까 어머니 리브가가 자기 오빠 집에 야곱을 보냅니다.

야곱이 라반 집에서 일하는데 너무 아름다운 라헬에게 호감을 가집니다. 7년 동안 일하면 라헬을 주겠다는 것입니다. 7년 동안 열심히 일을 했고 결혼을 하고 아침에 일어나 보니 라헬이 아니라 레아인 것입니다. 이게 웬일입니까? 만약에 라헬을 얻으려면 또 7년 일을 하라는 것입니다. 이럴 수가 있습니까? 라반은 계속 말을 바꾸는 것입니다.

> "내가 외삼촌의 집에 있는 이 이십 년 동안 외삼촌의 두 딸
> 을 위하여 십사 년, 외삼촌의 양 떼를 위하여 육 년을 외삼
> 촌에게 봉사하였거니와 외삼촌께서 내 품삯을 열 번이나
> 바꾸셨으며"(창 31:41).

야곱을 열 번이나 속이는 사람이었습니다. 지금도 순수한 모습이 별로 보이지 않습니다. 리브가의 이야기를 다 듣고, 리브가가 차고 있는 코걸이와 손목고리를 보고 달려나간 것입니다.

리브가는 물질이나 상급 때문에 물을 주었던 것이 아니었습니다. 순수한 마음, 섬기는 마음, 아름다운 마음이었습니다. 그러나 라반의 달려 나오는 모습은 좀 이상한 것입니다.

> "라반이 이르되 여호와께 복을 받은 자여 들어오소서 어찌 밖에 서 있나이까 내가 방과 낙타의 처소를 준비하였나이다"(창 24:31).

라반이 종을 이렇게 축복합니다. 라반은 하나님을 믿는 사람입니다. 하지만 하나님 믿는 사람 중에서도 신앙이 똑바로 서 있지 않은 사람이 많습니다. 하나님의 가치관으로 서 있지 못하고, 물질의 가치관으로 서 있는 것입니다.

라반이 보니 종이 하나님께 번성의 복을 많이 받은 것 같아 이렇게 축복하고 있는 것입니다. 그리고 음식을 차렸는데 종이 이렇게 결단합니다.

> "그 앞에 음식을 베푸니 그 사람이 이르되 내가 내 일을 진술하기 전에는 먹지 아니하겠나이다"(창 24:33).

라반은 주위의 종들과 그 많은 사람을 섬기고, 발을 씻을 물을 주고 쉬라고 얘기하고 음식을 드렸습니다. 그런데 종이 안 먹는

결혼, 이렇게 준비하라

다는 것입니다. 내가 지금 먹으러 온 것이 아니라는 것입니다. 내가 먹기 전에 먼저 해야 할 일이 있다는 것입니다. 그것은 바로 주인의 일을 말하기 전에는 사명을 감당하기 전에는 음식을 먹지 않겠다는 것입니다. 지금 배후에서 주인 아브라함이 얼마나 애타게 기다리는지, 어떻게 며느리를 잘 정할 것인지, 기도하고 애타게 기다리는 그 심정을 이 종이 느끼고 있는 것입니다.

진짜 믿음이 무엇일까요? 진짜 지혜는 무엇일까요? 먼저 해야 할 일과 나중에 해야 할 일을 구분하는 것이 진짜 지혜인 줄로 믿습니다. 우선순위를 아는 것입니다. 내가 무엇을 먼저 해야 할지, 무엇을 나중에 해야 할지 알아야 합니다. 800킬로 넘게 30일 정도 걸려서 왔으니 얼마나 지쳤겠습니까? 얼마나 힘들었을까요? 제대로 된 밥을 한 달 동안 먹지 못했을 것입니다. 진수성찬을 차려 놨으니 마음껏 먹고, 후에 이야기해도 괜찮았을 것입니다.

하지만 이 종은 "안 됩니다. 난 먹으러 온 것이 아닙니다. 먹는 게 문제가 아닙니다. 하나님께서 내게 이루신 놀라운 일들을 말하기 전에는 내가 이 음식을 먹지 않겠습니다"라고 말하는 것입니다.

필자는 여러분들이 "목장 모임 빨리 해치우고(?) 밥이나 먹자" 이러지 않았으면 좋겠습니다. 하나님께서 해 주신 일들을 진술하고 하나님께서 하셨던 놀라운 은혜를 함께 나누고, 축복하고 격려하고 은혜를 누렸으면 좋겠습니다.

저와 여러분의 사명은 무엇입니까? "먼저 그 나라와 그의 의를 구하라 그리하면 하나님께서 이 모든 것을 더해 주신다"라는 말씀대로 사는 것입니다. 무엇을 먼저 해야 하는지, 무엇을 나중에 해야 하는지, 내가 어떻게 일을 처리해야 하는지를 정확하게 아는 것입니다.

필자는 이런 생각을 해 봤습니다. '목사가 타락할 때가 언제인가?' 첫 사명, 첫 부르심에 대한 영적인 긴장감을 늦출 때 망가지는 것입니다. 쓰임 받는 모든 직분자들이 처음에는 다 열심히 합니다. 그런데 한 5년 지나고, 10년 지나고, 20년 정도 지나면 갑자기 마음이 해이해지기 시작합니다. 뻔한 찬송, 뻔한 설교, 은혜도 없고 감동도 없고 영적인 긴장감을 늦출 때 망가질 수 있습니다.

우리는 이런 사람이 아닙니다. 주님 앞에 사모했던 사람이었습니다. 뜨거웠던 사람이었습니다. 주를 위해서 목숨을 걸고 충성했던 사람이었습니다. 언제부터 마음이 해이해지고 긴장감을 늦출 때, 우선순위로 사명을 감당하지 못한 채 먹고 마시고, 잘 먹고 잘사는 것이 전부인 양 인생을 살아가면 안 된다는 것입니다.

지금 이 종은 아브라함이 얼마나 애타게 기다리는지 생각하고 있습니다. 영적 긴장감을 놓치지 않고 우선순위를 똑바로 먼저 할 줄 아는 것이 종의 모습입니다. 더 나아가 종은 자기를 이렇게

결혼, 이렇게 준비하라

소개합니다.

"그가 이르되 나는 아브라함의 종이나이다"(창 24:34).

이 한마디면 끝입니다. 이 아브라함의 종은 하고 싶은 말이 많았을 것입니다. "나요, 아브라함의 재산 다 맡은 사람이에요." 그 말은 맞는 말입니다. 그런데 그렇게 말하지 않습니다. "나는 아브라함의 중매쟁이로 왔어요. 나는 그 집안의 청지기예요." 이렇게도 말하지 않습니다. 분명하고 단순하고 정확하게 말함으로 사명을 감당하고 있는 종의 모습을 보게 되는 것입니다.

사도 바울도 화려한 경력과 프로필을 나열하는 것이 아니라 로마서 1장 1절에서 "나는 예수 그리스도의 종이다"라고 합니다. 다른 거 필요 없습니다. 내 주인이 누구냐? 나는 누구의 종이냐? 이 사실이 명확하고 분명하니까 분명하고 확실한 인생을 살 수 있는 하나님의 사람이 되는 거 아니겠습니까!

내가 도대체 누구냐? 나의 주인은 누구냐? 내가 돈의 종이냐? 명예의 종이냐? 아니면 하나님의 종이냐? 저와 여러분들이 내 신분을 정확하게 하고 하나님의 종의 역할을 온전히 감당할 때에 하나님께서 우리를 통해서 놀라운 일들을 행하실 줄로 믿습니다.

창세기 50장에서 제일 긴 장이 창세기 24장 오늘 본문입니다. 67절까지 있습니다. 67절 가운데 종의 역할이 제일 많이 나옵니다. 계속 나오고 가장 길게 나옵니다. 중요하기 때문입니다. 그런데 엘리에셀이라는 종의 이름이 67절 가운데 단 한 번도 나오지 않습니다. 왜 그럴까요? 종은 자기 이름을 밝히는 사람이 아닙니다. 종은 주인을 높이는 사람입니다. 주인을 영광되게 하고 주인을 위해서 사는 것이 종입니다.

내가 주인 노릇 하려고 하면 사고가 납니다. 나를 자꾸 뽐내고 자랑하려고 하면 사고가 납니다. 내가 낮아지면 아무런 문제가 없는데 나를 자꾸 드러내려고 하니까 문제가 생기는 것 아닙니까?

"예, 순종하겠습니다." "예, 나는 종입니다."

저와 여러분이 이런 고백으로 주 앞에 나갈 수 있기를 간절히 바랍니다.

종은 아브라함에게서 배웠습니다. 아브라함 집에는 많은 종이 있습니다. 엘리에셀은 틀림없는 종입니다. 그런데 또 한 종, 하갈이라는 종이 있었습니다. 여주인 사라를 섬기는 사람이었습니다. 그런데 하갈이 아이를 낳고 난 다음에 갑자기 태도가 달라지기 시작합니다. 주인을 무시하고 업신여기고 존중하지 않습니다. 결국, 하갈은 쫓겨나고 말았습니다.

저와 여러분들이 그리스도의 종된 신분을 꼭 기억하고 주인 되신 주 예수 그리스도를 위하여 아름답게 쓰임 받는 인생 되기를 바랍니다.

중매 역할을 잘 감당한 종처럼 바울은 고린도후서 11장 2절에서 이렇게 말합니다.

"내가 하나님의 열심으로 너희를 위하여 열심을 내노니 내가 너희를 정결한 처녀로, 한 남편인 그리스도께 드리려고 중매함이로다."

사도 바울은 중매하러 왔습니다. 내가 주님을 만나 보니 너무 좋아서 신랑 되신 그리스도를 중매하는 것입니다. 교회가 그리스도의 신부 아닙니까? 우리 모두 예수를 믿는다면 그리스도의 신부 아닙니까? 좋은 그리스도의 신부를 찾아 나서서 맺어 줍니다.

하나님의 은혜를 부어주시려고 찾아 나선 이 종의 태도와 역할이 얼마나 아름답습니까? 저와 여러분이 하나님의 영적인 중매쟁이로, 전도의 사명을 잘 감당하고 나 때문에 예수 만난 사람들이 많아짐으로 수많은 사람이 그리스도의 신부가 되게 하는 일에 영적 중매쟁이로 감당할 수 있는 은혜가 있기를 간절히 소원합니다.

종은 라반에게 계속해서 이렇게 말합니다.

"여호와께서 나의 주인에게 크게 복을 주시어 창성하게 하시되 소와 양과 은금과 종들과 낙타와 나귀를 그에게 주셨고 나의 주인의 아내 사라가 노년에 나의 주인에게 아들

을 낳으매 주인이 그의 모든 소유를 그 아들에게 주었나이
다"(창 24:35-36).

여호와께서 나의 주인에게 크게 복을 주셨습니다. 창대하게 하
시고 소와 양을 주셨고 은금과 종들과 낙타와 나귀를 주셨습니
다. 이것을 누가 다 주셨습니까? 하나님께서 아브라함에게 은혜
를 주신 것입니다.

그런데 36절 말씀을 보면, 하나님께서 아브라함에게 엄청 많
은 은혜를 베풀어 주셔서, 나의 주인 아내 사라가 노년에 아들을
하나 낳았는데 주인이 그 모든 소유를 아들에게 주었다는 것입니
다. 아들 이삭에게 주었다는 것입니다. 이삭의 아내가 되기만 하
면 하나님께서 아버지 아브라함에게 주셨던 그 놀라운 축복, 이
삭에게 주었던 놀라운 축복을 리브가가 받게 되는 것이라는 것입
니다.

우리가 그리스도의 신부로 주 앞에 나올 수만 있다면, 예수님
을 믿을 수만 있다면, 경외할 수만 있다면, 사랑할 수 있다면, 동
행할 수 있다면, 그래서 신부 역할을 감당할 수 있다면, 하나님께
서 예비하신 아브라함에게 주셨던 그 복, 신랑 이삭에게 주셨던
그 놀라운 복이 저와 여러분의 것이 되는 것입니다.

하늘과 땅의 모든 권세를 하나님께서 주님에게 주셨습니다. 그
리고 주님께서 우리에게 함께하시는 축복을 주십니다. 하늘의 권

결혼, 이렇게 준비하라

세가 주님에게 있고 땅의 권세가 주님에게 있는데, 그 주님이 나와 임마누엘로 함께 하시기에 하나님의 부요가 나의 부요가 되는 것입니다.

누구에게 주십니까?

하나님의 자녀에게, 그리스의 신부에게 주십니다.

이 은혜가 우리 모두에게 충만하기를 축복합니다.

잇쉬가 잇샤에게

김복유

그댈 기다리오 스무살의 나는
주께 맡겼다오 사랑이란 내 선택을
이제 잠이 드오 주의 머리 맡에
주께 드렸다오 설렘이란 내 감정도

난 이제 잠들겠소 주님이 정한 때까지
당신을 만날 때까지 기다리겠소
행복을 연습하겠소
문 잠긴 동산이 되어 어딘가 있을 그대여
기도하고 기다리네 오늘도 난

스르르르(스르르르)
잠이 드네(잠이 드네)
주의 품에(주의 품에)

우물에 잠긴 물처럼 내 맘은 그대 것이오
그대만 가질 수 있소
오직 그대만 오직 그대만 위해서
사랑하겠소 내 맘을 노래하겠소 그대를 기다리겠소
주님의 때에 주님이 맺어 주실 그대

계절이 바뀌고 시간이 흐르고
내 눈에 휘장이 걷히고 계절이 바뀌고 시간이 흐르고
빗장이 풀리고 계절이 바뀌고 시간이 흐르고
내 눈에 휘장이 걷히고 이제 난 보이오 그대가 보이오
아름다워

그댈 기다렸소 매일 꿈꿔왔소
주의 손을 잡은 아리따운 그대 모습
이제 깨어나오 함께 걸어가오
주가 주신 동산 다스리며 걸어가오

이제 보네 (이제 보네)
내 잇샤를(내 잇샤를)
그댈 보네(그댈 보네)

그대를 사랑하겠소 딴 여잔 보지 않겠소
수많은 여자 중에 당신이 내 아내라서
너무나 행복하오 때로는 서툴지만
지금 난 배워가오 사랑하는 방법을

당신을 존중하겠소 딴 남잔 보지 않겠소
그 많은 남자 중에 당신이 내게 와줘서
너무나 감사하오 조금은 어색해도
지금 난 배워가오 사랑받는 방법을

그 많고 많은 사람 중에 인생이라는 시간 속에서
지금 내 앞에 있는 그댈 이제야 알죠

그 많고 많은 사람 중에 인생이라는 시간 속에서
지금 내 앞에 있는 그댈 이제야 알죠

그 많고 많은 사람 중에 인생이라는 시간 속에서
지금 내 앞에 있는 그댈 이제야 알죠

잇쉬와 잇샤처럼 우리는 만났었죠
기대하고 기뻐하고 뿌듯해서 잠을 설쳐
잇쉬와 잇샤처럼 주님이 맺어 주신
나의 신부 나의 신랑

사랑해요 우리 서로

배우자와의 만남

창 24:49-67

"이제 당신들이 인자함과 진실함으로 내 주인을 대접하려 거든 내게 알게 해 주시고 그렇지 아니할지라도 내게 알게 해 주셔서 내가 우로든지 좌로든지 행하게 하소서 라반과 브두엘이 대답하여 이르되 이 일이 여호와께로 말미암았으 니 우리는 가부를 말할 수 없노라"(창 24:49-50).

종은 자세히 설명합니다. 하나님이 도와주시고, 인도해 주셨다고, 하나님의 섭리이자 역사라고 말합니다. 그리고 이제 결정하라는 것입니다. 종은 주눅 드는 것이 없습니다. 기죽지 않습니다. 당당하게 말을 하고 결과를 하나님께 맡기는 것입니다. 당신들이 Ok를 하든지 No를 하든지 지금 말씀하시라. 그렇지 않고는 나는 밥을 먹지 않겠다고 말하는 것입니다.

우리가 인생을 살아가면서 무슨 일을 할 때 최선을 다해야 합니다. 그리고 주님 앞에 맡겨야 합니다. 결과가 어떠하든지 간에 그대로 받는 것입니다.

종에게 교만한 모습은 찾아볼 수 없습니다. 최선을 다하여 말을 하고 결과를 기다리는 모습만 보입니다.

리브가의 부모가 말합니다. "당신의 말을 들어보니 이건 하나님의 뜻입니다. 하나님으로 말미암은 것입니다. 하나님의 축복이고 인도입니다. 내가 Yes, No라고 말할 수가 없습니다." 당연히 Yes 하는 것입니다.

내 생각이 있고 부모의 생각이 있고 누구의 생각이 있어도, 정말 중요한 것은 하나님의 뜻이고 하나님의 생각인 줄로 믿습니다. 우리가 인생을 살아가면서 내 생각을 내려놓고 주의 뜻 가운데 순종하면 놀라운 역사가 나타날 줄로 믿습니다.

종은 최선을 다하고 담담히 결과를 받아들이는 아름다운 모습이 있습니다. 부모의 말을 듣고 종은 이렇게 반응합니다.

"아브라함의 종이 그들의 말을 듣고 땅에 엎드려 여호와께 절하고"(창 24:52).

부모의 허락을 받자 너무 기뻐서 브두엘, 라반, 리브가에게 절하며 감사를 표현하는 것이 아니라 먼저 하나님께 감사하고 하나

　　　　　　　　　　　　결혼, 이렇게 준비하라

님께 기도하고 찬양하고 있는 것입니다.

　무슨 일이든지 기도로 시작하고, 모든 일이 마치게 되고 결정이 되면 하나님께 감사하며 영광 돌릴 수 있기를 간절히 소원합니다. 하나님의 역사이기 때문입니다. 하나님의 뜻이면 무엇이든지 받아들이고 하나님이 인도하신 것을 믿으니 감사하는 것입니다.

　누구한테 배웠을까요? 당연히 아브라함한테 배웠겠지요. 왜냐하면, 아브라함은 가는 곳마다 제단을 쌓았습니다. 가는 곳마다 예배했습니다. 가는 곳마다 기도했습니다. 종이 그것을 보았던 것입니다. '아하, 하나님이 하셔야 하는구나. 하나님께 감사하고 기도해야 하는구나.' 그래서 이 종은 아브라함을 본받아 감사하며 찬양하며 기도하는 아름다운 모습이 있었던 것입니다.

　　"은금 패물과 의복을 꺼내어 리브가에게 주고 그의 오라버니와 어머니에게도 보물을 주니라"(창 24:53).

　낙타 10마리에 싣고 온 모든 값진 보석을 그의 가족들에게 다 내어주는 것입니다. 왜 이 패물들을 갖고 왔을까요? 하나님이 이삭의 아내를 예비시켜 주신다는 것을 믿었기 때문에 갖고 온 것입니다.

"이에 그들 곧 종과 동행자들이 먹고 마시고 유숙하고 아침
에 일어나서 그가 이르되 나를 보내어 내 주인에게로 돌아
가게 하소서"(창 24:54).

종과 함께 간 사람들이 이제 먹고 쉽니다. 그런데 얼마만큼 먹
고 쉬느냐 하면, 저녁때 갔는데 자고 일어나서 바로 그다음 날 집
에 가겠다는 것입니다. 더 쉴 수 있습니다. 쉬어도 누가 뭐라 하
지 않을 것입니다. 그런데도 그다음 날 아침 일찍 돌아가겠다는
것입니다. 왜요? 나는 사명을 위해서 온 사람이지, 먹고 쉬러 온
사람이 아니라는 것입니다.

이 사람의 지금 신분이 종입니다. 헤브론으로 돌아가도 그는
여전히 종입니다. 그런데도 이 기쁜 소식, 이 놀라운 소식을 빨리
주인에게, 이삭에게 전하고 싶은 열망이 그 마음속에 있다는 것
입니다. 주인의 일을 내 일처럼 하는 종, 그래서 이 기쁜 소식을
빨리 전해주고 싶어 하는 종의 뜨거운 마음을 아시겠습니까?

"리브가의 오라버니와 그의 어머니가 이르되 이 아이로 하
여금 며칠 또는 열흘을 우리와 함께 머물게 하라 그 후에
그가 갈 것이니라"(창 24:55).

그의 가족들이 만류합니다. "아니, 이 아이를 금방 데려가면 됩

결혼, 이렇게 준비하라

니까? 함께 정리할 시간, 인사할 시간을 줘야지 금방 데려가면 되겠습니까?" 이 말은 부모로서 당연할 수 있습니다.

하지만 우리가 인생을 살다 보면 은혜를 받아도, 무슨 일을 하고 싶어도 즉각 하지 않으면 못 합니다. 마음이 느슨해지면 결국 그 일을 못 하게 됩니다. 주의 뜻이라고 진짜 믿는다면 즉시 행할 수 있는 은혜가 있기를 축복합니다.

사람은 너무나 연약합니다. 지금은 무엇이든 다할 것 같지만 하루 지나고 이틀 지나 보십시오. 마음이 식고 결국 못하게 됩니다. 나중에 어떤 마음마저 드는지 아십니까? "우리 애가 안 간다는데 결혼을 시키고 싶으면 이삭을 데려오면 안 되겠어요?" 이렇게 말할 수도 있는 것입니다.

그러니까 우리가 무슨 일을 하기 전까지는 최선을 다해서 고민하고 기도하고 성실하게 준비해야 하지만, 주의 뜻이라고 결정이 되면 즉각 순응할 수 있기를 축복합니다.

"그 사람이 그들에게 이르되 나를 만류하지 마소서 여호와께서 내게 형통한 길을 주셨으니 나를 보내어 내 주인에게로 돌아가게 하소서"(창 24:56).

"나를 붙잡지 마세요. 여러분 나 지금 가야 합니다. 지금 사명을 감당해야 합니다. 지금 주인이 기다리고 있습니다. 기도하고 있습니다. 내가 가야 합니다. 나를 붙잡지 마세요. 내가 여기 있으면 안 됩니다. 나는 가야 합니다"라고 말하는 것입니다.

쉬고 싶어도 쉬지 않는 종, 온통 이 종은 하나님 생각밖에 없습니다. 주인 생각밖에 없습니다. 본인은 없습니다. 자기 아내도 아니고, 자기 며느리도 아니고, 주인의 아들의 며느리를 구하는 일에, 최선을 다하여 집중하고 있는 종의 모습이 얼마나 우리에게 도전이 됩니까?

우리는 사명을 감당하면서 처음에는 그 일을 열심히 하다가 시간이 지나면 초심을 잃고 한 번 쉬고 두 번 쉬다가 주저앉고 맙니다. 본질은 잃어버리고 다른 일로 시간을 낭비할 때가 얼마나 많이 있습니까?

이 땅을 살아가는 동안에 내가 기쁘고 즐거운 건 두 번째고, 나의 주인 되신 하나님이 기뻐하는 일을 위해서 아름답게 드려지는 축복의 인생 되기를 간절히 소원합니다.

사명을 감당하는 종의 태도, 이것이 복음 전하는 자의 태도입니다. "내가 주님을 만났어요. 내가 그리스도의 신부가 되었어요. 신랑 되신 그리스도와 동행하니 너무 행복합니다."

그래서 이 땅의 수많은 영혼을 빨리 신랑 되신 예수님께 인도하고자 뜨겁게 순종하며 달려가는 선교사님들과 전도자의 모습을 우리 모두 본받을 수 있기를 간절히 바랍니다.

나의 주인 하나님께서 얼마나 기다리실까? 살아계신 하나님께

결혼, 이렇게 준비하라

서 이 땅의 무엇으로 기뻐하실까? 무엇 때문에 춤추실까? 무엇 때문에 흐뭇하실까? 무엇 때문에 가슴 아파하시며, 무엇 때문에 안타까워하시며, 무엇 때문에 눈물을 흘리실까를 생각해봅시다.

우리 주인의 마음을 헤아리며 이 땅의 수많은 영혼을 찾아 나서야 합니다. 저들을 빨리 그리스도의 신부로 주님 앞에 인도하는 일에 저와 여러분들이 아름답게 쓰임 받을 수 있기를 주의 이름으로 축원합니다.

요한복음 3장 29절에 이렇게 말하고 있습니다.

"신부를 취하는 자는 신랑이나 서서 신랑의 음성을 듣는 친구가 크게 기뻐하나니 나는 이러한 기쁨으로 충만하였노라."

본문을 이 말씀과 비교했을 때, 신부가 누구입니까? 리브가입니다. 신랑은 누구입니까? 이삭입니다. 그럼 신랑 친구는 누구입니까? 종입니다.

이 말씀으로 비유한다면, 신랑 친구가 너무 기쁜 것입니다. 신랑이 신부를 만난 것이 너무 감동을 주는 것입니다. 내 주인이 기뻐한다면 나는 행복하다는 마음이 있는 것입니다.

이 종은 신분은 종인데 그 마음에 평강이 있습니다. 신분은 종이지만 그 마음에 자유가 있고 사랑이 있습니다. 그러니까 이 종은 믿음의 종이요, 기쁨의 종이요, 사랑의 종이요, 은혜의 종인 것입니다.

교회를 위해서 청소하고 옮기고 나르고, 많은 분이 함께 와서 봉사하는 모습이 얼마나 감동이 되는지요! 그 얼굴에 짜증이 없고, 원망이 없고 기쁨으로 감당하는 아름다운 모습을 자주 봅니다. 교회가 세워지고 또 이렇게 예배할 수 있는 것은 누군가가 수고했기 때문입니다.

종이 너무 완강하게 말합니다. "나 지금 가야 합니다. 나를 막지 마십시오." 라반과 브두엘과 그 어머니가 당사자인 리브가에게 물어보자고 말했습니다. 그들은 내심 기대했을 것입니다. "나, 엄마랑 집에서 며칠 더 있다가 가고 싶어요"라는 말을 할 것이라고 생각했을 것입니다.

"리브가를 불러 그에게 이르되 네가 이 사람들과 함께 가려느냐 그가 대답하되 가겠나이다"(창 24:58).

리브가의 결단, 리브가의 다짐과 출발, 이것이야말로 리브가의 인생을 회복게 하시고 새롭게 하시는 새로운 놀라운 축복의 근거가 된 것입니다.

"나 부모와 함께 있지 않고 지금 출발하겠습니다."

그 먼 거리를 가겠다는 것입니다. 한 달 동안, 그리고 가면 언

결혼, 이렇게 준비하라

제 올지도 모릅니다. 역사적으로 보면 리브가가 하란 땅을 떠나 갔고 평생 돌아오지 않습니다. 이건 보통 결단이 아닙니다. 그래서 리브가를 제2의 아브라함이라고 말을 합니다. 여자 아브라함이 바로 리브가인 것입니다.

아브라함이 하란 땅에서 출발했습니다. 하나님의 말씀만 듣고 본토 친척 아비 집을 떠나서 약속의 땅으로 갔습니다. 즉각 순종하고 갔습니다. 리브가가 지금 하란 땅에서 아브라함처럼 자기 신랑의 얼굴도 보지 못하고 말씀만 듣고 순종하고 떠남으로 가나안 땅, 약속의 땅에 들어간 것입니다. 그래서 학자들은 '제2의 아브라함'이라고 말하고 있는 것입니다. 아브라함의 믿음이 그의 자녀세대인 이삭과 리브가에게 이어지는 놀라운 축복이 있는 것입니다.

여러분의 신앙과 여러분의 믿음이 자녀세대에서 중단되면 안 됩니다. 계속 이어질 수 있기를 축복합니다.

리브가는 신랑을 보진 않았지만, 말만 듣고 이삭을 사랑하고 결혼하기로 순종하고 출발하는 것입니다. 베드로전서 1장 8절에는 이렇게 말을 하고 있습니다.

"예수를 너희가 보지 못하였으나 사랑하는도다 이제도 보지 못하나 믿고 말할 수 없는 영광스러운 즐거움으로 기뻐하니."

이 은혜가 있기를 축복합니다. 신랑을 보지 못했던 리브가, 그런데도 그 마음속에 기대가 있고, 벅찬 감동이 있고, 사랑이 있고, 영광이 있습니다.

리브가의 집이 가난하지 않습니다. 리브가의 집은 유숙할 곳이 많고 짚과 사료도 많습니다. 메소포타미아 하란 땅에서 얼마든지 신랑감을 구할 수 있습니다. 그런데 이것을 포기하는 것입니다. 그리고 그 먼 곳으로 떠나는 것입니다. 흔들리지 않고 결정을 정확히 하는 것입니다.

많은 사람이 결정을 못 합니다. 출발을 못 합니다. 그래서 아무 역사도 일어나지 않습니다.

주님께서 제자들에게 말씀하십니다.

"너희들은 나를 따라오너라 내가 너희로 사람을 낚는 어부가 되게 하겠다."

물과 고기와 그물을 배에 버려두고, 즉시 가는 사람들을 통해서 위대한 주의 제자의 역사가 일어난 줄로 믿습니다.

결심만 하는 게 아닙니다. 생각만 하는 것이 아니라 직접 발을 내딛고 나가는 것입니다. 바보들은 날마다 결심만 합니다. 생각만 합니다. 리브가는 생각에서 멈추지 않습니다. 그 생각한 것을 결정하고 출발합니다. 출발하고 순종해야 하나님의 역사를 이룰 수가 있습니다.

혹시 이런 노래 아십니까?

1. 갑돌이와 갑순이는 한 마을에 살았더래요
   둘이는 서로 서로 사랑을 했더래요
   그러나 둘이는 마음 뿐이래요 겉으로는 음음음
   모르는 척 했더래요

2. 그러다가 갑순이는 시집을 갔더래요
   시집간 날 첫날밤에 한없이 울었더래요
   갑순이 마음은 갑돌이 뿐이래요 겉으로는 음음음
   안 그런 척 했더래요

3. 갑돌이도 화가 나서 장가를 갔더래요
   장가간 날 첫날밤에 달 보고 울었더래요
   갑돌이 마음은 갑순이 뿐이래요 겉으로는 음음음
   고까짓 것 했더래요

마음뿐이었습니다. 갑돌이 갑순이가 결혼을 했습니까? 못 했습니다. 마음만 있고 표현도 못 하고 결단도 못 하니 무슨 역사가 있겠습니까? 결정해야 합니다.

"내가 부두에 정박하고 묶여있는 이 배의 줄을 끊겠습니다. 줄을 끊고 출발하겠습니다." 그래야 대양을 항해할 수 있는 배가 되는 것입니다. 가고 싶다는 마음만 있고 줄을 끊지 않으면 배가 움직일 수 없습니다. 죄악을 끊고, 세상을 끊고, 주님께로 나아가는 결단이 있기를 축복합니다.

결혼의 적령기는 나이 문제가 아닙니다. 성숙의 문제입니다. 결단력이 있나, 분별력이 있나, 신중하면서도 주의 뜻 앞에 순종할 수 있냐를 통해서 하나님의 뜻이 이루어지는 것입니다.

리브가가 결정을 하자 가족들이 '드보라'라는 유모를 함께 보냅니다. 그 유모의 이름이 창세기 35장 8절에 나타나고 있습니다. 사사 드보라가 아니라 리브가의 유모 드보라입니다.

유모가 성경에 이름이 기록된다는 것은 보통 일이 아닙니다. 리브가가 어릴 때부터 유모가 있었고, 계속해서 이 리브가를 키웠던 사람이 드보라입니다. 같이 헤브론에, 가나안 땅에 가는 것입니다.

그리고 나중에 이 유모 드보라는 리브가의 자녀, 에서와 야곱도 키웁니다. 그리고 대대로 야곱의 열두 아들 유모가 됩니다. 이 유모의 이름도, 유모의 죽음도 창세기 35장에 자세히 나옵니다. 얼마나 아름다운 유모인지요! 리브가를 떠나보내며 가족들이 이렇게 축복합니다.

결혼, 이렇게 준비하라

"리브가에게 축복하여 이르되 우리 누이여 너는 천만인의
어머니가 될지어다 네 씨로 그 원수의 성문을 얻게 할지어
다"(창 24:60).

이 놀라운 축복이 여러분들에게도 임하기를 바랍니다. "천만인
의 어머니가 될지어다 네 씨로 원수의 성문을 얻게 할지어다" 이
거 많이 들어본 말 아닙니까?
창세기 17장 16절에 사라에게 주셨던 메시지와 같습니다.

"내가 그에게 복을 주어 그가 네게 아들을 낳아 주게 하며
내가 그에게 복을 주어 그를 여러 민족의 어머니가 되게 하
리니 민족의 여러 왕이 그에게서 나리라."

창세기 22장 17절, 아브라함에게 주셨던 메시지입니다.

"내가 네게 큰 복을 주고 네 씨가 크게 번성하여 하늘의 별
과 같고 바닷가의 모래와 같게 하리니 네 씨가 그 대적의
성문을 차지하리라."

아브라함에게 주셨던 크고 놀라운 축복의 메시지, 그의 아내
사라에게 주셨던 엄청난 메시지를 이삭의 배우자가 될 리브가에

게, 그의 가족들이 축복하고 있습니다. 아브라함과 사라의 복이 이삭과 리브가와 자손들에게 그대로 이루어지고 실현되는 놀라운 축복이 있는 것입니다.

이제 이 복이 여러분들을 통해서 흘러가므로 여러분의 자녀들에게도 동일한 은혜의 역사가 있기를 축복합니다. 자녀를 축복할 때, 특별히 자녀가 결혼할 때 이렇게 축복할 수 있기를 바랍니다. "천만인의 어머니가 되거라. 수 많은 영혼을 살리고, 수많은 영향을 끼치고 결국 후손들을 통해서 예수 그리스도가 탄생하는 거 아니겠니? 너는 이제 기죽지 말고 온 성문을 차지하게 될 것이다. 모든 적을 물리치게 될 것이다. 승리자가 될 것이다. 할렐루야!" 이런 축복을 하는 가정이 아름답지 않습니까? 결혼은 축복 속에 해야 할 줄로 믿습니다.

이제 아브라함과 사라의 시대가 아니라 이삭과 리브가의 시대로 바뀌고 있는 모습을 창세기 24장에서 볼 수 있습니다.

리브가가 가겠다는 그 결단 앞에 부모는 조금 서운한 마음이 있었을 것입니다. 그러나 그것을 표현하지 않고 사랑하고, 격려하고, 응원하고, 축복하는 이 아름다운 가정이 우리의 가정이 되기를 축복합니다.

"리브가가 일어나 여자 종들과 함께 낙타를 타고 그 사람을 따라가니 그 종이 리브가를 데리고 가니라"(창 24:61).

087

결혼, 이렇게 준비하라

종이 리브가를 데리고 갑니다. 우리도 신랑 되신 주 예수 그리스도 앞에 우리의 가족과 친척과 친구와 이웃들을 그리스도 앞으로 인도할 수 있기를 간절히 원합니다.

지금 이삭은 헤브론에서 아버지와 함께 살고 있지 않습니다. 어머니 사라의 장막을 뜯어 가서 남쪽 네게브 지역에 거주했다고 나옵니다.

"그 때에 이삭이 브엘라해로이에서 왔으니 그가 네게브 지역에 거주하였음이라"(창 24:62).

따로 살고 있습니다. 그 마음속에 아픔과 상처가 있습니다. 어머니가 하늘나라에 간 것 때문에 그 마음속에 괴로움이 있었습니다.

"이삭이 저물 때에 들에 나가 묵상하다가 눈을 들어 보매 낙타들이 오는지라"(창 24:63).

"하나님, 기대합니다. 역사해 주십시오. 어떤 여자입니까? 주님의 뜻이라면 그대로 받겠습니다." 하나님이 하신 일들에 대해서 묵상하고, 주님이 하실 일에 대해서 묵상하고 있는 이삭, 준비하고 있습니다. 기도하고 있습니다. 우리가 믿음으로, 기도로, 묵상으로 준비할 수 있기를 바랍니다. 저 멀리서 낙타 떼와 종과 여인이 오는 것을 보고 있습니다.

> "종에게 말하되 들에서 배회하다가 우리에게로 마주 오
> 는 자가 누구냐 종이 이르되 이는 내 주인이니이다 리브가
> 가 너울을 가지고 자기의 얼굴을 가리더라"(창 24:65).

리브가도 오다가 한 남자가 있는 것을 봅니다.
"우리에게로 마주 오는 자가 누구냐?"
그 종에게 물으니 그 종이 말합니다.
"나의 주인입니다."
여러분, 원래는 뭐라고 말해야 하죠?
'주인의 아들'이라고 말해야 합니다.
하나님의 역사가 아버지에게서 아들로 바뀌어 가고 있는 것을
보게 됩니다. 아브라함 시대가 이제는 지게 되고 이삭의 시대로
주님께서 쓰시는 이 놀라운 축복의 역사를 이 흐름 속에서 보게
됩니다.
엘리에셀이 '이삭이 나의 주인'이라고 고백하는 것을 통해서 주
위에 있는 많은 사람이 우리가 아브라함을 섬긴 것처럼 저 이삭
을 잘 섬겨야 한다는 다짐을 하게 되는 것입니다.
리브가는 너울로 얼굴을 가립니다. 앞이 보이긴 하지만 망사
로 된, 지금의 면사포라고 말할 수 있습니다. 예의를 다하고 있

결혼, 이렇게 준비하라

습니다.

종이 이삭에게 "주인님, 제가 하나님의 큰 도우심을 경험했습니다. 하나님이 은혜를 주셨습니다"라고 하면서 그동안 있었던 일을 이야기합니다. 이삭이 종의 말을 듣고 하나님의 뜻, 하나님의 역사를 믿고 모든 것을 다 받아들입니다.

이삭은 어떤 여자인지는 상관이 없습니다. 주님께서 허락한 사람이라면, 주님이 인도한 사람이라면 기꺼이 믿음으로 받는 것입니다. 하나님의 역사를 믿음으로 받습니다. 이삭도 믿음으로 받고, 리브가도 믿음으로 받고 결국, 아름다운 관계가 이루어지는 것입니다.

> "이삭이 리브가를 인도하여 그의 어머니 사라의 장막으로
> 들이고 그를 맞이하여 아내로 삼고 사랑하였으니 이삭이
> 그의 어머니를 장례한 후에 위로를 얻었더라"(창 24:67).

리브가가 이삭의 인도를 받고 사라가 사용하던 장막에 들어가는 것입니다. 지금까지 리브가는 브두엘, 라반을 따라다니며 인도를 받고 살아왔습니다. 그런데 이제는 신랑이 되는 이삭의 인도를 받고 가는 것입니다.

저와 여러분들이 지금까지는 내 마음대로 인생을 살고 세상의 지배 속에 살아왔지만, 이제는 신랑 되신 주 예수 그리스도의 인

도를 따라 그분과 동행하며 그분과 함께 사는 역사가 있기를 축복합니다.

사라의 장막에 들어갔다는 것은 무엇을 말합니까? 사라의 시대가 마감되고 리브가의 시대로, 이삭의 시대로 세워지는 것을 의미하는 것입니다. 이삭은 어머니가 돌아가신 것 때문에 마음에 아픔과 고통이 있습니다. 그런데 리브가를 통해 하나님의 위로가 이삭에게 임했던 것입니다.

우리가 배우자를 다 알고 결혼하지 않습니다. 10년 살아도 잘 모를 수가 있습니다. 30년을 살아도 배우자 때문에 깜짝 놀랄 일이 있는 것입니다. 사랑해서 결혼할 수 있습니다. 하지만 결혼하면 사랑하는 것입니다. 사랑하기 위해서 결혼하는 것입니다. 우리는 다 부족한 사람입니다. 내가 배우자에게 도움만 받고 싶어 하면 반드시 실족하고, 상처 입고, 시험 들고 아픕니다. 가정이 깨집니다.

하지만 "하나님의 뜻이라면, 하나님 주신 사람이라면 내가 사랑하겠습니다. 섬기겠습니다. 축복하겠습니다"라고 할 때 사랑의 역사, 은혜의 역사, 행복의 역사, 위로의 역사가 나타날 줄로 믿습니다.

필자는 여러분의 자녀들이 부모님을 통해서 사랑을 배웠으면 좋겠습니다. 사랑을 다른 곳에서 배우면 이상한 사랑을 배웁니

결혼, 이렇게 준비하라

다. "나는 아빠가 엄마를 사랑하는 그 사랑을 배우고 싶다. 나는 엄마가 아빠를 사랑하는 그 모습으로 사랑하고 싶다"라고 말한다면 정말 좋은 가정입니다.

서로 비난하고, 저주하고, 싸우고, 잘난 척하는 가정은 깨집니다. 하지만 사랑하기로 작정하고, 하나님이 주신 사람임을 인정하고 피차간에 위로를 받는 가정이 되기를 간절히 원합니다.

아브라함의 놀라운 영광을 이삭이 물려받았습니다. 이삭의 아내가 된 리브가를 통해서 아브라함의 유산을 그대로 다 받아 예수 그리스도의 조상이 되었습니다. 같이 영광을 누리는 것입니다.

하늘과 땅의 모든 권세를 하나님께서 예수 그리스도에게 주셨습니다. 저와 여러분이 그리스도의 신부가 될 수만 있다면, 그리스도와 연합만 될 수 있다면, 우리는 상속자가 되고 하늘의 영광을 경험하는 놀라운 축복의 주인공이 되는 것입니다.

우리가 그런 존재입니다. 비굴할 필요가 없습니다. 비겁할 이유도 없습니다. 하지만 교만해서는 안 됩니다. 하나님 기업의 유산을 물려받을 수 있는 하나님의 사람인 것을 기억하고 겸손하고 당당하게 믿음으로 승리할 수 있기를 주의 이름으로 축원합니다.

창세기 24장은 아브라함으로 시작해서 이삭으로 마쳐집니다. 이제는 아브라함은 사라지고 이삭의 시대로 세워집니다. 부모의 세대는 가고 자녀의 세대가 부모를 계승하여 신앙을 계승하여 더 위대한 자녀로 주의 영광을 드러내는 자녀세대가 될 수 있기를, 다음 세대를 위해서 마음껏 축복할 수 있는 기성세대가 되기를 간절히 원합니다.

종의 아름다운 결단과 태도, 리브가의 결단과 태도, 이삭의 묵상과 준비와 기도, 연합, 사랑, 위로, 이 은혜가 우리 모두에게 임하기를 주의 이름으로 축원합니다.

주가 계획하신 이날

김수지

주가 계획하신 이날
사랑과 축복이 가득하네
오래전 주께서 계획하신 모습대로
아름답고 순결한 시간

우리의 기쁨 가득 모아서
이날을 진심으로 기뻐해요
앞으로 두 분에겐 사랑과 평안만이
가득하길 축복해요

보세요 우리 얼굴에 비친 이 행복은
두 사람 사랑 때문이죠
우리 약속한 그 사랑으로
앞으로도 영원하기를
간절히 기도해요

우리의 기쁨 가득 모아서

이날을 진심으로 기뻐해요

앞으로 두 분에겐 사랑과 평안만이

가득하길 축복해요

앞으로 두 분에겐 사랑과 평안만이

가득하길 축복해요

가득하길 축복해요

결혼, 이렇게 준비하라

chapter

II

가정, 이렇게 섬기라

가정, 이렇게 섬기라

"아내들아 이와 같이 자기 남편에게 순종하라 이는 혹
말씀을 순종하지 않는 자라도 말로 말미암지 않고 그 아내의
행실로 말미암아 구원을 받게 하려 함이니"(벧전 3:1).

행복한 가정의 첫 출발

창 2:18-25

하나님의 말씀이 결혼과 가정의 기준입니다. 결혼과 가정에 대한 하나님의 말씀과 내가 알고 있는 지식이 다르다면 내 생각을 내려놓고 하나님의 말씀에 귀를 기울이기를 바랍니다. 하나님의 말씀대로 살 때 가정이 은혜와 행복이 넘치는 하나님의 나라의 모델 하우스로 세워집니다.

사람은 온전하지 못합니다. 온전하지 못한 자들이 결혼합니다. 배우자를 천사라고 생각하면 안 됩니다. 완벽하다고 생각하면 위험합니다. 내가 지적한다고 완벽해지지 않습니다. 배우자는 연약합니다. 부족합니다.

결혼은 현재 그 모습으로 결혼하는 것입니다. 결혼은 그 모습을 용납하는 것입니다. 결혼은 내가 요구하는 것을 채우는 것이 아닙니다. "이렇게 해. 저렇게 해." 잔소리, 바가지로 사람은 절대 바뀌지 않습니다. 잔소리, 바가지는 가정을 분쟁 속으로 몰아갑니다. 배우자는 천사가 아니라 사람이라는 것을 받아들여야 합니다.

사람은 약점이 있고, 허물이 있고, 실수가 있습니다. 완전한 사람은 없습니다. 하나님이 왜 부족하고 연약한 사람과 결혼하게 하셨을까요? 결혼은 돕기 위해 하는 것입니다. 서로의 부족한 모습을 보고 실망하지 마십시오. 내가 채워 주고 도와주기 위해 결혼하는 것입니다. 부지런히 도와주면 행복합니다.

> "여호와 하나님이 이르시되 사람이 혼자 사는 것이 좋지 아니하니 내가 그를 위하여 돕는 배필을 지으리라 하시니라"(창 2:18).

하나님께서 첫 번째 사람 아담에게 돕는 배필을 주십니다. 혼자인 남자에게 함께 있을 여자를 주심으로 홀로 있는 것보다 함께 있는 것이 하나님 보시기에 아름답고 우리에게도 축복이 되는 것입니다.

우리는 혼자 살 수 있습니다. 하지만 함께 하는 것이 하나님의 계획이고 더 풍성한 삶을 살 수 있습니다. 사람은 동역자가 필요합니다. 동료가 필요합니다. 교제 없이 혼자 살 수 없습니다. 사람은 함께 살아야 합니다.

하나님은 공동체로 존재하십니다. 성부, 성자, 성령 하나님으로 함께 하십니다. 함께 하는 것이 얼마나 아름답고 귀한 것인지를 하나님은 잘 아십니다. 하나님은 아담이 혼자 사는 것이 좋지 않은 것을 잘 아십니다. 그래서 하나님이 먼저 그 필요를 채우시려고 돕는 배필을 준비하십니다. 하와는 아담의 요청에 의해서가 아니라 하나님의 사랑과 관심, 배려입니다. 기억하십시오. 하나님은 우리의 필요를 먼저 아시고 은혜를 주시는 분이십니다. 얼마나 감사합니까?

돕는 배필은 아담을 위해 종이나 식모, 비서나 조수를 만들어주겠다는 뜻이 아닙니다. 배우자를 아랫사람 대하듯이 함부로 대하면 안 됩니다. 배우자는 종속적 관계가 아닙니다. 돕는 배필은 동등한 존재를 만들어준다는 것입니다. 서로 돕는 자가 되는 것입니다. 서로 사랑하고 의지하는 관계를 의미합니다. 마치 성부, 성자, 성령 하나님께서 독립적이면서 연합해 있는 것과 같습니다. 상호 존중하고 섬기며 세워주는 관계입니다. 그러면서 서로 기쁨을 누리는 것입니다.

하나님이 자기 형상, 곧 하나님의 형상대로 사람을 창조하시되 남자와 여자를 창조하셨습니다. 하나님은 남자와 여자를 동등하게 창조하신 것입니다. 하나님은 먼저 남자를 만드시고 여자를 만드셨습니다. 하나님은 처음부터 아담이 혼자 있는 것보다 돕는 배필이 필요하다는 것을 아시고 여자를 만드실 것을 계획하고 계

가정, 이렇게 섬기라

셨습니다.

> "여호와 하나님이 흙으로 각종 들짐승과 공중의 각종 새를
> 지으시고 아담이 무엇이라고 부르나 보시려고 그것들을 그
> 에게로 이끌어 가시니 아담이 각 생물을 부르는 것이 곧 그
> 이름이 되었더라 아담이 모든 가축과 공중의 새와 들의 모
> 든 짐승에게 이름을 주니라"(창 2:19-20).

하나님은 처음부터 흙으로 각종 들짐승과 공중의 각종 새를 암
수로 만드셨습니다. 그리고 그들을 아담에게로 이끌어 가셔서 이
름을 지으라고 말씀하셨습니다. 하나님께서 아담에게 위임하시
고 지혜를 주셨습니다. 그때까지만 해도 아담에게는 자기와 같은
짝이 없었습니다.

> "아담이 돕는 배필이 없으므로 여호와 하나님이 아담을 깊
> 이 잠들게 하시니 잠들매 그가 그 갈빗대 하나를 취하고 살
> 로 대신 채우시고"(창 2:20-21).

아담이 돕는 배필이 없으므로 하나님이 아담을 깊이 잠들게 하
셨습니다. 하나님이 직접 아담의 몸을 수술하십니다. 이것이 최
초의 마취 수술이 아닌가 싶습니다. 갈빗대 하나를 취하고 살로

대신 채우십니다. 아담의 배필이 처음부터 아담 밖에 있지 않고 안에 있었다는 것입니다. 한 몸에서 나왔다는 것입니다.

하나님이 남자와 여자를 지으신 것이고, 이 둘이 함께할 때 하나님이 원하시는 부부, 하나 됨을 경험할 수 있습니다.

하나님은 아담이 짐승들의 이름을 지으면서 깨닫기를 원하셨습니다. 아담이 돕는 배필이 필요하다는 것을 느끼고 사모하기 원하셨던 것입니다. '나는 왜 짝이 없을까?' 아담의 마음속에 기도하고 싶은 열망이 있었을 것입니다. 간절히 원하는 것이 중요합니다. 하나님은 사명을 위해 돕는 배필을 준비하신 것입니다.

돕는 배필은 서로에게 딱 맞는 짝을 의미합니다. 돕는 배필을 통해 함께 하나님의 뜻을 이룰 자로 붙여주시는 것입니다. 돕는 배필과 더불어 하나님이 창조하신 피조물들을 가꾸고 다스릴 것을 명하셨습니다. 하나님의 일을 이루고자, 사명을 위해 부름을 받은 존재인 것을 기억해야 합니다.

짐승들은 생육하고 번성하여 땅에 충만할 것을 말씀하셨습니다. 하지만 하나님의 형상대로 지음받은 사람은 생육하고 번성하여 땅에 충만한 것뿐만 아니라 땅을 정복하고 모든 생물을 다스리는 사명이 있습니다. 이것이 하나님께서 사람을 지으신 목적입니다. 땅에 있는 모든 것을 돌보고 가꾸는 책임이 있습니다. 하나님께서 사람에게 위임하신 사명입니다. 그래서 그 일을 위해 함께 감당할 수 있는 돕는 배필인 남자와 여자를 주신 것입니다.

가정, 이렇게 섬기라

돕는 배필은 서로가 하는 것입니다. 하나님의 사명을 위해, 하나님의 나라를 위해 부부는 영적 동반자입니다. 동역자입니다. 함께 하나님의 영광과 기쁨을 위해 나가야 합니다.

배우자에게 무엇을 해 주기를 바라기만 하고 수단으로 생각하면 실망만 하고 가정이 위험하게 됩니다. 사람은 짐승처럼 생육하고 번성하는 것만 추구하면 안 됩니다. 배우자는 믿음의 동역자입니다. 옆에 있는 사람과 함께 하나님의 영광을 위해 걸어가는 사람입니다.

영국의 목회자 매튜 헨리는 말합니다.

"하나님께서 남자 갈비뼈로 여자를 만든 데는 깊은 뜻이 있습니다. 남자의 발로 만들지 않은 것은 짓밟히지 않도록 하심이고, 옆구리로 만든 것은 나란히 동등하라 하신 것이요, 팔 아래 있는 것으로 만든 뜻은 보호받으라고, 심장 옆의 것으로 만드신 것은 사랑받아야 한다는 뜻이셨습니다."

"아담이 이르되 이는 내 뼈 중의 뼈요 살 중의 살이라 이것을 남자에게서 취하였은즉 여자라 부르리라 하니라"(창 2:23).

하나님은 나를 위해 또 다른 나인 여자를 만들어주셨습니다. 하나님이 만들어주신 여자는 아담에게 가장 소중한 존재입니다. 아담은 하나님이 돕는 배필로 만들어주신 하와를 보는 순간 감탄을 합니다. 놀라고 감동하고 감격합니다. 서로에게 감탄이라 할 수 있습니다. 가정이 행복하게 살 수 있는 비결은 서로를 바라보고 감탄할 때입니다.

당연한 것으로 여기지 말고 하나님이 우리를 사랑해서 주신 사람이기에 하나님께 감사하며 찬양해야 합니다. "하나님, 배우자를 주셔서 감사합니다. 하나님, 찬양합니다. 배우자가 너무 귀하고 멋지고 아름답습니다." 배우자는 하나님의 선물이고 은혜입니다. 평생 칭찬하고 격려하며 살아야 행복합니다.

사람은 하나님의 창조세계를 바라보고 감탄하며 놀라워합니다. 하지만 배우자를 바라보고 더 놀라워해야 합니다. 배우자는 이 세상 그 무엇과도 비교할 수도, 바꿀 수도 없는 위대한 하나님의 작품입니다.

배우자를 보고 감탄할 수 있는 마음과 눈, 입이 있기를 바랍니다. 오늘부터 고백하십시오. 감사하고 예쁘다고, 멋있고 아름답다고 고백하십시오. "당신은 이런 점이 좋아요"라고 표현하십시오. 이것이 행복의 비결입니다.

배우자를 향한 감탄과 놀라움을 힘들어하는 분들이 있을 수 있지만 어려우면 훈련하십시오. 아름답고 거룩한 언어를 배우고 사용하십시오. 표현하다 보면 어느새 천국을 경험하게 될 것입니다. 이런 말은 어떻습니까? 배우자를 향해 말해 보십시오. "아름다움이 죄라면 당신은 사형감입니다."

가정, 이렇게 섬기라

"이러므로 남자가 부모를 떠나 그의 아내와 합하여 둘이 한 몸을 이룰지로다"(창 2:24).

결혼은 무엇입니까? 부모를 떠나는 것입니다.

하나님께서 사용설명서에서 말씀하십니다.

"태어날 때 탯줄을 잘라야 합니다. 아이가 사랑스러워 탯줄을 자르지 않는다면 어머니도 아이도 생명을 잃습니다."

"결혼시킬 탯줄을 잘라야 합니다. 탯줄을 끊어주지 않으면 부모도 자녀도 불행해집니다."

부모를 떠난다는 것은 결정권의 문제입니다. 결혼 후에는 결정권이 바뀌는 것입니다. 결혼시킨 후에도 부모가 "이렇게 해라. 저렇게 해라"고 간섭해서는 안 됩니다.

결혼 전에는 자녀의 결정권이 부모에게 있습니다. 결혼 후에는 자녀에게 있는 것입니다. 결혼식은 부모가 자녀에게 결정권을 넘겨주는 날입니다.

건강한 분리를 의미합니다. 부모는 자녀를 떠나보내야 하고, 자녀는 부모를 떠나야 합니다. 그래야 부모도 자녀도 건강한 가정을 이룰 수 있으며 승리할 수 있습니다. 가정의 중심은 부부가 되어야 합니다. 그렇지 않으면 아픔이 옵니다.

부모를 떠나라는 말은 '부모와 떨어져 살아라', '부모님과 절교하라', '더는 연락하지 않겠다'라는 의미가 아닙니다. 부모와 함께 살지라도 부모의 지배 아래 있는 것이 아닌, 이제는 정신적으로, 재정적으로 독립된 가정을 이루어 나가는 것입니다. 부부의 연합을 누구도 방해할 수 없습니다. 하지만 기억하십시오. 결혼해도 자녀는 부모를 더 공경해야 합니다. 효도해야 합니다. 용돈도 드려야 합니다. 잘못 적용하면 안 됩니다.

이제 두 사람은 어릴 때부터 의존했던 모든 것을 멈추고 새로운 환경에서 다른 사람을 의존하지 않고 두 사람이 한 몸을 이루어 스스로 독립한다는 것을 의미합니다.

지금까지 부모님의 사랑과 보살핌으로 두 사람이 살았습니다. 그래서 독립한다는 것이 쉽지 않습니다. 그러나 이제는 스스로 해결해서 나갈 수 있는 독립된 가정을 이루어 나가길 원합니다. 그래야 진정한 성숙이 일어나는 것입니다. 이제 어른이 되는 것입니다.

부모님께 재정을 받지 말고 재정을 드리는 삶을 살기를 바랍니다. 수입의 십 분의 일은 하나님께 드리고, 또 십 분의 일은 양가 부모님께 드리는 것입니다. 효도는 말로 하는 것이 아니라 용돈으로 하는 것입니다.

결혼은 무엇입니까? 배우자와 합하는 것입니다. 하나님께서 말씀하십니다. 결혼은 아무하고 연합하는 것이 아닙니다. 남편과 아내는 하나입니다. 하나님이 정해주신 그 사람, 한 사람, 그와

가정, 이렇게 섬기라

합하는 것입니다.

하나님이 선물로 주신 것에는 식욕도 있고 성욕도 있습니다. 식욕은 선물이지만 도둑질해서 먹으면 안 됩니다. 내가 얻은 소득에서 먹어야 합니다. 성욕도 마찬가지입니다. 하나님의 선물입니다. 하나님이 정해주신 범위가 있습니다. 결혼이라는 범위 안에서 사용해야 합니다. 그러면 하나님이 주신 복이 되는 것입니다. 성이라는 것을 결혼 밖에서 하면, 틀을 넘는 순간 화가 되고 불행해집니다. 음행이 됩니다. 깨끗하고 거룩한 가정되기를 바랍니다. 다른 남편, 다른 아내는 절대 안 됩니다.

하나님을 섬길 때 몸과 마음을 다해 사랑해야 합니다. 가정을 섬길 때도 몸과 마음을 다해 사랑해야 합니다. 죽도록 사랑해야 합니다. 한 사람을 사랑하여 결혼한다는 것은 다른 사람을 포기한다는 것입니다. 다른 사람을 배우자처럼 사랑하면 진실한 사랑이 아닙니다. 바람둥이입니다. 오늘은 이 사람, 내일은 저 사람을 사랑한다는 것은 정욕이고 탐욕입니다.

배우자와 한 몸인지 질문해 보겠습니다.

남편에게 묻겠습니다.

아내를 위해서 목숨을 내놓을 수 있겠습니까?

아내를 나의 목숨보다 더 사랑할 수 있겠습니까?

아내에게 묻겠습니다.

나는 남편을 위해서 목숨을 내놓을 수 있겠습니까?

남편을 나의 목숨보다 더 사랑할 수 있겠습니까?

서로를 죽도록 사랑하십시오. 하나님이 사랑을 원하십니다. 하나님은 사랑의 하나님이시기에 뜨겁게 사랑할 것을 말씀하십니다. 여기에 누구도 끼어들면 안 됩니다. 연합이라는 말은 접착제로 붙인다는 것입니다. 부부 사이에 무엇이 끼어들면 결국 떨어지게 됩니다. 가정의 중심은 부부가 되어야 합니다.

머리가 하나 되어야 합니다. 머리는 결정권을 의미합니다. 힘센 사람, 똑똑한 사람, 돈 많이 버는 사람이 아닙니다. 머리가 둘이면 평화가 깨집니다. 여자의 머리는 남자고, 남자의 머리는 그리스도입니다. 기분 나쁘게 생각하면 안 됩니다.

남편의 권위가 있어야 합니다. 남편을 무시하면 안 됩니다. 아내가 머리가 되면 가정과 자녀에게 부정적인 영향을 끼칩니다. 그러나 아내를 괴롭게 하면 안 됩니다. 결정권을 남발하면 안 됩니다. 물어봐야 합니다. 함께 의논해야 합니다. 폭행이나 폭언을 해서는 안 됩니다. 아내는 연약한 그릇입니다.

부부가 서로 사랑하고 존중하면 자녀들이 좋은 영향을 받을 것이고 건강하게 자랍니다. 하지만 부부가 자녀들 앞에서 서로 비난하고 무시하면 자녀들의 마음속에 상처가 남고 분노를 느낍니다. 배우자에게 언어나 육체적으로 폭력을 사용한다면 자녀들의 영혼과 미래에 악영향을 끼치며 건강하게 자라지 못할 것입니다.

가정, 이렇게 섬기라

부부는 좋은 일이든, 슬픈 일이든 함께 나누고 사랑하고 믿음으로 하나 되면 어떤 어려움도 이길 수 있습니다.

부부는 한 몸이기에 함께 꿈을 꾸고 비전을 공유하고 준비하면 좋습니다. 신앙적으로도 함께 배우고 함께 성장하십시오. 하나님은 가정을 통해 일하시고 영광 받으시길 원하십니다.

"아담과 그의 아내 두 사람이 벌거벗었으나 부끄러워하지 아니하니라"(창 2:25).

부부는 온전한 친밀을 이루는 관계입니다. 부부가 진짜 연합하면 부끄러워하지 않습니다. 비밀이 없는 관계, 비밀을 오픈할 수 있는 관계입니다. 자기 안에 깊이 있는 것을 꺼내도 창피하지 않은 관계, 이해하고 덮어주는 관계입니다. 서로의 아픔을 공유할 수 있는 관계입니다.

내면의 아픔과 눈물을 함께 나눌 수 있는 관계입니다. 나의 고통과 아픔을 나누고 고백해도 수치심이나 모욕감, 두려움에 빠지지 않습니다. 연약함과 부끄러움을 서로 품어주고 조금도 공격받지 않고 민망해하지도 않고 나눌 수 있는 관계가 바로 부부입니다.

서로의 약점과 단점이 보이면 함께 아파하면서 나의 기도 제목이 되고, 서로 돕는 배필의 역할을 감당하면 좋겠습니다.

부부 사이는 자존심을 내세우는 사이가 아닙니다. 벌거벗었으나 다 드러내는 모습입니다. 감추고 숨기는 것이 있으면 안 됩니다. 배우자에게 모르는 돈이 있거나, 배우자 모르는 빚이 있으면 안 됩니다.

부부 사이에, 가정 천국의 핵심은 정직입니다. 그렇지 않으면 사이가 점점 멀어집니다. 사탄이 틈을 탑니다. 다 드러내도 부끄럽지 않은 가정되기를 바랍니다.

가정은 하나님 말씀의 기준대로 서로 사랑하고 섬기면 천국을 경험할 수 있고, 내 생각대로 살아가면 불행을 경험합니다. 부부는 사랑하며 살기에도 짧은 인생입니다.

여러분은 어떻게 사시겠습니까? 가정에서 천국을 경험하며 살아가시길 바랍니다.

가정, 이렇게 섬기라

그런 사랑

조은혜

나 지금껏 어린아이처럼
말하고 깨닫고 생각해왔어
주 나에게 가르쳐 준 것처럼
성장한 사람의 사랑을 하고파

시기하지 않으며 자랑하지 않으며
오래 참고 온유하며
내 유익을 구하지 않는 그런 사랑
교만하지 않으며 무례하지 않으며
불의를 미워하고
진리만을 즐거워하는
그런 사랑 하고파

주 나에게 가르쳐 준 것처럼
성장한 사람의 사랑을 하고파
시기하지 않으며 자랑하지 않으며
오래 참고 온유하며
내 유익을 구하지 않는 그런 사랑
교만하지 않으며 무례하지 않으며
불의를 미워하고

진리만을 즐거워하는
그런 사랑 하고파

모든 것을 참으며
믿음 잃지 않으며
희망으로 가득 차
모든 것을 견디어내는 그런 사랑
예언도 방언도 지식도 사라질 때
언제까지나 영원한 변하지 않는
온전한 것 그건 바로 사랑

멋진 남편, 예쁜 아내

벧전 3:1-7

한 아이가 교회 가서 '천국'에 대해 듣고 부모에게 물어봤답니다. "아빠 엄마, 천국은 어떤 곳이에요?" "천국은, 음~ 천국은 말이야 마치 우리 집 같아." 하나님께서 원하시는 축복의 가정, 천국을 경험하는 가정이 여러분의 가정될 수 있기를 축복합니다.

세상의 흐름 따라 흘러가는 기준의 가정이 아니고, 세상의 철학으로, 자기의 지식으로 따라가는 그런 가정이 아니라 하나님의 말씀이 기준이 되어서 하나님이 원하시는 천국을 경험하는 가정을 성경에서 제시하고 있습니다. 본문 말씀이 혹 아픔과 상처가 되는 분들도 있을 수 있지만, 상처로 받지 마시고 내게 주시는 하나님의 말씀으로 받아서 인생과 가정과 생애가 달라지는 역사가 있기를 간절히 소원합니다.

나이가 들다 보면 남자와 여자가 좀 다른 것 같습니다. 나이가 들면 들수록 남자는 아내를 더 소중히 여기고, 여자는 남편이 온 데간데없다는 통계가 있습니다.

나이 들어가는 여자가 추구하는 첫 번째가 딸, 친구, 사우나, 돈, 쇼핑이고, 남편은 5위 안에도 못 들어간답니다. 남자가 나이가 들면 소중히 여기는 첫 번째는 부인, 두 번째는 집사람, 세 번째는 와이프, 네 번째는 애 엄마랍니다.

하나님은 우리의 외모를 보지 않고 우리의 중심을 보십니다. 눈으로 보이는 모든 건물은 오래가지 못합니다. 10년 지나고 20년이 지나면 망가지고 무너질 수밖에 없고 사라집니다. 우리의 인생도 마찬가지입니다.

우리 장로님들, 권사님들, 지금도 정말 아름답지만 30년 전에는 정말 너무 멋있고 예쁘셨습니다. 우리 젊은이들은, 제가 예언할 수 있는데 여러분들도 늙을 때가 옵니다. 우리의 겉모습은 시간이 지나면 다 늙습니다. 하지만 우리의 내면은 시간이 지날수록 더 아름다워질 수 있기를 간절히 바랍니다.

고린도후서 4장 16절에 이렇게 말하고 있습니다.

"그러므로 우리가 낙심하지 아니하노니 우리의 겉 사람은 낡아지나 우리의 속사람은 날로 새로워지도다."

가정, 이렇게 섬기라

그렇다면 우리가 이 땅 가운데 추구해야 할 것은 무엇입니까? 그것은 우리의 외모, 겉모습이 아니라 우리의 내면에 있는 모습입니다. 고린도후서 4장 18절은 이렇게 말합니다.

> "우리가 주목하는 것은 보이는 것이 아니요 보이지 않는 것이니 보이는 것은 잠깐이요 보이지 않는 것은 영원함이라."

나이가 들면 들수록 더 고귀하고 값지고 귀하고 아름다워지는 거룩한 성도의 인생이 될 수 있기를 간절히 소원합니다.

베드로전서 3장 1절부터 6절까지는 아내가 들어야 할 메시지가 들어있습니다. 7절은 남편에게 주는 하나님의 말씀입니다. 이 말씀을 내게 주시는 말씀으로 받는다면 가정이 새롭게 되는 놀라운 축복이 있을 것입니다.

> "아내들아 이와 같이 자기 남편에게 순종하라 이는 혹 말씀을 순종하지 않는 자라도 말로 말미암지 않고 그 아내의 행실로 말미암아 구원을 받게 하려 함이니"(벧전 3:1).

성경은 자기 남편에게 순종할 것을 말합니다. "아니, 지금이 어떤 시대인데? 남녀평등의 시대에 남편에게 순종하라니?"라고 하실 수 있습니다. 하지만 하나님의 말씀입니다. 남편에게 순종하는 것은 하나님의 말씀에 순종하는 것이고, 하나님께 순종하는 것이 되는 것입니다. 남편에게 불순종하는 것은 하나님의 말씀에 불순종하는 것이기 때문에 하나님께 불순종하는 것입니다.

하나님의 말씀이 진리이기에 세상이 아무리 변해도 하나님 말씀을 기준으로 살아갈 때 우리 가정이 천국으로 변화되는 놀라운 축복이 있을 줄로 믿습니다.

'자기 남편'이라고 되어 있습니다. 다른 단서가 없습니다. 잘난 남편도 남편이요, 못난 남편도 남편입니다. 여자가 무식하거나 배운 것이 적거나 능력이 없거나 인격적으로 성품으로 부족해서가 아닙니다. 하나님의 기준에 의해서 남편을 가정의 머리로 세우신 하나님의 포지션이 있기 때문입니다.

하나님께서는 아내에게 남편에게 순종하고 남편은 아내를 사랑하라고 말씀하십니다. 예수님이 교회를 목숨을 걸고 사랑하시듯 남편은 아내를 사랑해야 하고, 교회가 그리스도에게 순종하듯이 아내가 남편에게 순종할 것을 말해주고 있습니다.

우리가 겉으로 볼 때는 순종하기가 굉장히 어렵습니다. 그러나 하나님의 형상으로 볼 수 있다면, 내가 성령 충만함을 입을 수 있다면, 어떤 남편에게도 순종할 수 있다고 믿습니다.

"각 사람은 위에 있는 권세들에게 복종하라 권세는 하나님
으로부터 나지 않음이 없나니 모든 권세는 다 하나님께서

정하신 바라 그러므로 권세를 거스르는 자는 하나님의 명을
거스름이니 거스르는 자들은 심판을 자취하리라"(롬 13:1~2).

남편과 아내의 순종과 불순종의 관계는 남편의 문제가 아니라
하나님과 나와의 문제입니다. 내가 불순종을 하면 하나님의 말씀
을 어기는 것이 되는 것입니다. 내 기분에 맞지 않아도 하나님의
말씀이기 때문에 우리는 주의 말씀을 붙잡고 나가야 합니다. 남
자와 여자는 구별은 되지만 차별은 없습니다. 동등합니다.

"너희는 유대인이나 헬라인이나 종이나 자유인이나 남자나
여자나 다 그리스도 예수 안에서 하나이니라"(갈 3:28).

남자나 여자나 그리스도 안에서 다 하나라고 말합니다. 그런데
도 하나님은 아내를 향하여 남편에게 순종할 것을 요구하고 있습
니다. 배의 선장이 한 명이듯이, 비행기의 기장이 한 명이듯이,
높고 낮음의 문제가 아니라 역할의 문제입니다.

겸손하면 순종할 수 있습니다. 교만한 사람은 절대 순종할 수
가 없습니다. 하나님은 교만한 자를 물리친다고 하셨습니다. 존
중하는 태도가 있을 때 남편에게 순종할 수가 있게 되는 것입니
다. 잘 경청할 때 순종할 수가 있는 것입니다.

본문 1절에서 여자가 남편에게 순종해야 할 이유를 이렇게 말

하고 있습니다.

"혹 말씀을 순종하지 않는 자라도 예수를 믿지 않는 자라도
아내의 말로 말미암지 않고 아내의 행실로 말미암아 구원
을 받게 하려 함이니"(벧전 3:1).

아내가 남편에게 설교를 하면 아내의 설교를 통해서 남편은 절
대 은혜받지 않습니다. 그러니까 말로 하는 게 아니라 아름다운
행실로 믿지 않는 남편이 구원을 받게 하려고 아내에게 순종할
것을 요구하고 있다는 것입니다.
아내의 삶 가운데 하나님의 성품이, 하나님의 나라가 흘러갈
수 있다면, 남편이 그 모습을 보고 주님 앞에 돌아올 수 있다고
말해주고 있습니다. 그러니까 남편이 주님 앞에 돌아오는 것은
아내의 역할이라는 것입니다.

"믿지 아니하는 남편이 아내로 말미암아 거룩하게 되고"(고전 7:14).

"너희의 두려워하며 정결한 행실을 봄이라"(벧전 3:2).

아내가 남편을 바라보고 벌벌 떠는 두려움이 아닙니다. 남편이
아내가 하나님을 경외하고 하나님을 두려워하는 마음으로 남편

가정, 이렇게 섬기라

을 섬기고 있는 것을 보는 것입니다.

이 세상에 많은 유혹이 있는데도 불구하고 믿음을 지키며 하나님을 공경하며 남편의 말을 듣고 남편에게 순종하고 남편을 사랑하는 모습을 바라보는 것입니다. 내 아내는, 내 여자는 믿을 수 있다고 신뢰가 될 때 구원의 역사가 이루어질 수 있다고 말해주고 있습니다.

의심하는 행동을 하면 안 됩니다. 믿을 수 있는 아내, 믿을 수 있는 남편이 됐을 때 하나님께서 그 남편과 아내의 마음을 움직일 수 있다고 성경은 말하고 있는 것입니다.

> "너희의 단장은 머리를 꾸미고 금을 차고 아름다운 옷을 입는 외모로 하지 말고 오직 마음에 숨은 사람을 온유하고 안정한 심령의 썩지 아니할 것으로 하라 이는 하나님 앞에 값진 것이니라"(벧전 3:3-4).

외모만 단장하지 말고 내면을 거룩하게 할 때 하나님은 그 여인이 귀하고 값지다고 축복해 주고 있습니다. 외모가 내면보다 중요하지 않습니다. 하지만 외모 관리를 하는 것도 필요합니다. 남편 앞에서 부스스하게 나오고 머리에 까치집 짓고 자다가 일어난 표정으로 대하면 안 됩니다. 여자는 특별히 남편에게 제일 아름다운 모습을 보여줘야 합니다. 자기 남편에게 집중하고 남편이 퇴근할 때 가장 예쁘게 하고 있어야 합니다.

외모에 치장하는 것보다 더 중요한 것은 내면의 아름다움입니다. 온유한 성품, 주님의 성품입니다. 순결하고 순수하고 겸손하고 성령에 의해서 길들어져 잘 따를 수 있는 사람, 이런 온유한 성품이 준비되길 축복합니다.

남편이 좌절하고 실패한다고 해도, 자녀가 실패하고 어렵게 한다고 해도, 그것 때문에 힘들어하지 말고, 참고 안정된 심령으로 "괜찮아 힘내. 하나님이 도와주실 거야. 내가 기도할게"라고 말하는 아름다운 여인이 될 수 있기를 축복합니다.

세상이 아무리 급변해도 마음이 요동하지 않고 믿음을 지키며 함께 사랑하며 살아가는 가정이 정말 복되지 않습니까? 하나님은 외모의 아름다움을 귀하다고 말하지 않고, 내면의 아름다운 모습이 값지고 귀하다고 하십니다. 하나님 보시기에 귀한 우리가 될 수 있기를 간절히 소원합니다.

"전에 하나님께 소망을 두었던 거룩한 부녀들도 이와 같이 자기 남편에게 순종함으로 자기를 단장하였나니"(벧전 3:5).

외모로 승부하지 말고 순종하며 승부할 수 있기를 축복합니다. 순종하는 아내는 아름답습니다. 생각해 보십시오. 얼굴은 너무 예쁜데 순종이 전혀 없다면 예쁘겠습니까?

121

가정, 이렇게 섬기라

이 세상에 순종하는 여인보다 더 아름다운 여인이 없습니다. 필자는 여러분들이 화장으로 승부하지 말고 순종으로 승부할 수 있기를 축복합니다. 똑같은 얼굴이지만 순종하는 여인과 순종하지 않는 여인의 얼굴은 너무 다릅니다.

> "사라가 아브라함을 주라 칭하여 순종한 것 같이 너희는 선을 행하고 아무 두려운 일에도 놀라지 아니하면 그의 딸이 된 것이니라"(벧전 3:6).

사라가 아브라함에게 뭐라고 불렀습니까?

'주', 나의 주인이라고 부르며 순종했습니다. 순종하는 여인에게 주께서 약속하십니다. 바로 그의 딸이 되는 것입니다. 사라의 후손이 된다는 것입니다. 아내가 남편에게 순종할 때에 그 순종함을 통하여 하나님께서 그 아내에게 어떤 축복을 주는지 아십니까? 열방을 품을 수 있는 열국의 어미가 되는 놀라운 축복을 주신다는 것입니다.

아내가 남편에게 순종하는 그 모습을 바라보고 여러분의 자녀들이 아름다운 순종의 리더들이 될 줄로 믿습니다. 남편에게 순종하지 않고 다른 데 가서 딴 사람에게 순종하는 일은 있을 수가 없습니다.

"남편들아 이와 같이 지식을 따라 너희 아내와 동거하고 그를 더 연약한 그릇이요 또 생명의 은혜를 함께 이어받을 자로 알아 귀히 여기라 이는 너희 기도가 막히지 아니하게 하려 함이라"(벧전 3:7).

남편들에게 "이와 같이 지식을 따라 행하라"고 하십니다. 아내에 대해서 알라는 것입니다. 여자에 대해서 좀 배우라는 것입니다. 여자가 도대체 어떤 존재인지, 여자는 도대체 무엇을 기뻐하고, 무엇을 원하는지를 남자가 좀 공부하고 배우라고 말합니다. 그래서 지식이 없는 망가진 인생으로 아내를 대하지 말고 하나님이 원하시는 지식을 배워서 아내를 섬길 것을 남편들에게 요구하고 있는 것입니다.

지식이 없다는 것은 값비싼 좋은 제품을 집에 사 놓고 설명서를 읽지 않아서 그냥 썩혀 두고 있는 것과 똑같습니다. 그래서 지식을 배우라는 것입니다. 왜냐하면, 남자와 여자는 다릅니다. 그 다른 것을 알아야 한다는 것입니다. 하나님은 여자를 어떻게 만드셨는지 살펴보겠습니다.

첫 번째, "너희 아내와 동거하고" 굉장히 중요한 말입니다. 사랑하는 남편들이여, 자기 아내와 동거할 수 있기를 축복합니다. 왜 다른 아내와 동거합니까? 이것은 가정의 문제만이 아닙니다.

나라가 깨어지는 이유가 도대체 무엇입니까? 다른 아내, 다른 여자에게 집중하는 것입니다. 그래서 가정이 다 망가집니다. 다른 아내에게 눈을 돌리는 남자의 모습을 통해서 자녀들이 다 망가집니다.

자기 아내를 사랑하고 그 아내와 함께 동거하는 것이 얼마나 행복합니까? 필자는 여러분들이 자기 아내를 바라보고 행복하고 사랑하고 만족할 수 있는 남성이 되기를 축복합니다.

가정을 뛰어넘어 다른 사람과 동거하면 큰일 납니다. 가정이 파괴되고 망가지고 화가 되고 자녀들의 인생도 망가지고 파탄됩니다. 그런 인생이 우리 주위에 얼마나 많이 있습니까?

내가 한 여자를 선택하는 것은 지구상 35억의 여자를 포기했다는 것을 의미합니다. 여자가 한 남자를 선택했다는 것은 지구상 35억의 남자를 포기했다는 것을 의미하지 않습니까?

자기 아내를 사랑하지 않는데 그 사랑을 사랑이라고 말할 수 있을까요? 그럴 수 없습니다. 자기 아내를 사랑하는 남자여야 온 열방을 품을 수 있는 사랑의 리더가 될 수 있습니다. 아내를 사랑하지 않고 세상을 사랑한다는 말은 거짓말입니다. 그럴 수가 없습니다.

남편이 음란하고 정욕적이면 가정이 파괴되고 자녀들이 실망하고 좌절하고 상처를 받고 아파하는 것을 보게 됩니다. 부모의 모습을 자녀들이 다 보고 자랍니다.

남편이 아내를 사랑할 때 어느 정도로 사랑해야 하느냐 하면 '주님이 교회를 사랑하시듯' 사랑해야 합니다. 주님은 성도가 교회를 사랑하기 위하여 십자가를 지시고 죽기까지 사랑함같이 남편이 아내를 죽도록 사랑해야 합니다. 죽도록 사랑할 뿐만 아니라 남편과 아내 사이에는 그 누구도 끼어서는 안 됩니다. 부모도 안 됩니다.

남편과 아내가 서로 집중해서 사랑할 때 그 사람이 세상을, 열방을 품을 수 있는 하나님의 사람이 될 줄로 믿습니다. 그래야 영이 맑아집니다. 아내를 사랑하지 않고 다른 여자를 사랑하는 남자는 절대 영이 깨끗하지 않습니다. 한 남자는 한 여자를 바라보고 즐거워하고 행복해야 합니다.

두 번째, 주께서 이렇게 말씀하십니다. "그를 더 연약한 그릇이요." 자기 아내가 아무리 똑똑하고, 아무리 능력이 많고, 아무리 남편보다 돈을 많이 벌어도, 여자는 연약한 그릇이라는 것을 남편이 알라는 것입니다.

여자는 무엇으로 만들었습니까? 갈비뼈로 만들었습니다. 우리 몸 중에서 가장 연약한 뼈가 갈비뼈입니다. 그래서 여자는 남자의 관심과 돌봄을 통해서 안정감을 느끼고 행복할 수 있는 것입니다.

여성들도 자신이 연약하다는 것을 인정해야 합니다. 대개 여자는 남자보다 힘이 약하지 않습니까? 시험도 상처도 잘 받고, 또 더 많이 받습니다. 그리고 그 상처가 오래갑니다. 그걸 알라는 것입니다. 남자가 여자에 대해 알라는 것입니다. 지식을 좀 가지라는 것입니다.

그래서 남편은 아내를 소중히 여기고 평생 아내의 손과 발이 되어 아내를 갈비뼈로, 갈비뼈가 상하지 않도록 보호해 주고 사랑해 주고 감싸 안아주며 죽도록 사랑하기를 간절히 소원합니다

세 번째, 이렇게 말합니다. "또 생명의 은혜를 함께 이어받을 자." 부부는 하나입니다. 제가 사역을 합니다. 사역을 하면 제가 받을 상급을 아내도 분명히 받을 것입니다. 아내는 생명의 은혜를 함께 이어받을 자라고 성경에 나옵니다.

이 당시에는 사람의 숫자를 셀 때 여자들은 아예 포함시키지도 않았습니다. 그런데 성경은 아내는 남편과 함께 구원의 동반자라고 말하고 있습니다. 함께 천국을, 영생을 이어받을 자라는 것입니다. 함께 상급을 받을 자라는 것입니다. 그렇게 여자가 귀한 존재인 것을 알고 남편이 아내에게 잘 섬기라고 말해주고 있는 것입니다.

네 번째, 이렇게 말합니다. "귀히 여기라." 귀히 여기셔야 합니다. 남편이 아내를 귀하게 여기셔야 합니다. 아내 안에 역사하시

는 하나님의 영이 있습니다. 내가 성령 충만하여 그 모습 그대로를 사랑하라는 것입니다. 그 모습 그대로를 축복하라는 것입니다.

남에게 아내를 소개할 때 이렇게 하라고 권유합니다. "귀한 여인, 아내입니다." 성경에 '아내'라고 나옵니다. '집사람' 그런 말 쓰지 마시고, 집안의 해, '아내'라고 말하십시오.

"제 사랑하는 귀한 아내입니다." 아내를 귀하게 여기셔야 합니다. 남편이 아내를 귀히 여기면 아내는 귀하게 됩니다. 아내를 하찮게 여기면 아내가 하찮게 됩니다.

아내를 원망하고 불평하고 아내를 고발하는 남편은 정말 어리석은 남편입니다. 아내를 귀하게 여기면 남편이 귀하게 되는 것입니다. 아내를 무시하면 남편은 세상의 리더가 될 수가 없습니다. 가정에서 한 아내를 사랑하고 축복하고 귀히 여길 때 그 남편이 세상에서도 지도자로, 리더로 쓰임 받는 축복이 있다는 것입니다.

남편이 아내를 귀하게 여길 때 자녀가 엄마를 귀하게 여기고, 남편이 아내를 귀하게 여길 때 온 세상의 사람들이 아내를 귀하게 여기는 것입니다. 사람은 여기는 대로 그대로 됩니다.

목사가 성도를 귀하게 여기면 성도들이 귀하게 보입니다. 그리고 정말 귀한 존재가 됩니다. 성도들이 목사를 귀히 여기면 귀한 목사가 되고 은혜가 있게 되는 것입니다. 서로서로 귀하게 여기는 아름다운 가정, 행복공동체가 되시기를 축복합니다.

가정, 이렇게 섬기라

다섯 번째, 주께서 이렇게 말씀합니다. "너희 기도가 막히지 아니하게 하려 함이라."

남편이 아내를 사랑하지 않고 축복하지 않고 귀히 여기지 않으면 아무리 기도해도 그 기도의 응답을 받을 수가 없다는 것입니다. 기도가 막히면 하나님의 축복이 없습니다. 은혜가 없습니다. 우리의 인생이 망가지는 것입니다.

기도가 막히면 죽습니다. 하나님의 축복을 받지 못하면 하나님의 능력 가운데 쓰임 받을 수가 없습니다. 그래서 이런 말이 있습니다. "기도(祈禱)가 막히면 기도(氣道)가 막힌다."

주님 앞에 부르짖는 기도가 막히는데 어떻게 응답받을 수가 있겠습니까? 기도가 막히면 죽습니다.

정말로 승리하길 원한다면, 정말로 출세하기 원한다면, 세상 가운데 쓰임 받는 리더가 되기 원한다면, 남편들이여 가정에서 사랑하는 아내를 소중히 여기고 사랑할 때 하나님께서 그 앞길을 열어주실 것입니다.

뚫리기를 원하십니까? 축복받기 원하십니까? 하나님의 은혜와 응답을 받기 원하십니까? 아내를 소중히 여길 수 있기를 축복합니다. 이것이야말로 하나님께서 원래 의도하신, 성경에서 제시하는 하나님의 말씀입니다.

남편이 아내를 목숨 걸고 사랑할 때, 아내가 남편을 위하여 목숨 걸고 순종할 때, 천국은 여러분의 가정 가운데서 이루어지는

역사가 나타나게 될 것입니다

남성들만 읊조려 보십시오. "나의 이름은 사랑입니다."

여성들만 읊조려 보십시오. "나의 이름은 순종입니다."

이 아름다운 모습이 여러분의 가정 가운데 임함으로 말미암아 하나님의 나라를 경험하고 놀라운 축복의 역사의 주역들이 될 수 있기를 주 예수 그리스도의 이름으로 축원합니다.

사랑의 주님이 날 사랑하시네 내 모습 이대로 받으셨네

사랑의 주님이 날 사랑하듯이 나도 너를 사랑하며 섬기리

"살아 계신 하나님, 하나님의 말씀에 비춰보니 남편 된 도리, 아내 된 도리, 참된 도리를 다하지 못했던 부분들이 깨달아집니다. 천국을 경험하는 가정, 축복의 가정, 주께서 원하시는 가정으로 회복되길 간절히 원합니다. 주님 도와주시옵소서. 하나님, 세상의 흐름 따라 살지 않고, 내 과거의 경험과 철학대로 살지 않고, 하나님의 말씀이 우리의 가정의 기준이라는 사실을 기억하며 말씀대로 살겠사오니 주여, 우리를 받아 주시옵소서.

우리 남편을 세워주시옵소서. 우리 아내를 귀히 여길 줄 아는 축복의 가정되게 하여 주옵소서. 그래서 열방을 품는 리더들이 가정 가운데서 세워질 수 있도록, 주여 우리와 함께 하여 주옵소서.

가정, 이렇게 섬기라

혹시 말씀을 들으면서 부담이 있고 아픔이 있고 괴로움이 있는 백성들이 있다면 주님이 위로해 주시옵소서. 은혜를 베풀어 주옵소서. 이후 인생이 새로운 인생으로 변화될 수 있도록 주의 말씀 붙잡고 나가겠사오니, 주여 인도해 주시옵소서."

사랑하기 때문에

주영훈

좋은 것만을 보여주고 싶어
마음에 빛을 비춰주고 싶어
우리들의 영혼이 새롭게 깨어날
기쁨 전해주고 싶어요
어둠을 모두 가려주고 싶어
잘못된 시선 바꿔주고 싶어
이 세상이 얼마나 아름다운 곳인지
이제 보여주고 싶어요

우리 사랑해요 두 팔 벌린 이 만큼
좋은 것만 나누어도 모자란 시간
이제 사라져요 어두움과 두려움
더 많이 웃고 더 행복해요
사랑하기 때문에

어두웠던 지난날을 비춰주겠어
이 세상 가장 아름다움 보여주겠어
내겐 가장 소중한 우리가 있기에
영원한 사랑을 모두 약속하겠어
사랑하기 때문에 웃을 수 있고

사랑하기 때문에 함께 할 수 있고
사랑하기 때문에 하나이기 때문에
사랑하기 때문에

나에게 가장 소중한 사람들
사랑하는 내 친구와 가족들
그 가슴에 영원한 사랑이고 싶어요
나를 살게 하는 힘이죠

우리 사랑해요 두 팔 벌린 이 만큼
좋은 것만 나누어도 모자란 시간
이제 사라져요 어두움과 두려움
더 많이 웃고 더 행복해요
사랑하기 때문에

우리 나누어요 좋은 날의 추억을
따뜻한 미소 하나로 기억될 시간
모두 채워가요 함께 나눌 사랑을
또 우리 삶은 더 빛날 테죠
사랑하기 때문에
그댈 사랑하기 때문에
우리 사랑하기 때문에

믿음의 명문 가정

딤후 1:3-5

조그마한 고목 나무 구멍에 한 다람쥐 가족이 살고 있었습니다. 그들은 가난했지만 너무 행복했습니다.

어느 날 남편 다람쥐가 말했습니다.

"여보, 우리 집이 숲속의 다른 동물들에 비해 너무 가난하지? 내가 가정의 행복을 위해서 더 부지런히 일할게."

남편 다람쥐는 열심히 일했습니다. 해가 뜨기도 전에 출근해서 열심히 과일과 열매를 모으며 밤늦게까지 일을 하고 지친 몸으로 귀가합니다. 이렇게 열심히 일하자 그 다람쥐 가정은 숲에서 제일 잘 사는 가정이 되었습니다. 이제 넓은 집으로 옮겼고 넉넉한 살림에 부족함이 없었습니다.

그런데 문제가 생겼습니다. 이 가정의 남편과 아빠의 존재가 없어진 것입니다.

어느 날 거의 새벽녘 남편 다람쥐가 귀가하자 아내 다람쥐가 하소연하기 시작했습니다.

"여보, 나는 지금 너무 외로워요. 아이들도 외로움을 느끼고 있어요. 당신은 정말 우리를 사랑하나요? 당신의 사랑을 이제 우리 가족들은 느낄 수가 없어요."

이때 남편 다람쥐는 화를 내며 말했습니다. "여보, 무슨 소리를 하는 거야? 내가 당신과 아이들을 얼마나 사랑하는데, 내가 사랑하지 않는다고? 내가 누구 때문에 이 고생을 하는데? 다 당신과 아이들을 사랑하기 때문이야."

이 소리를 듣고 아이 다람쥐들이 잠에서 깨어났습니다. 오랜만에 아빠의 얼굴을 보자 제일 큰아들 다람쥐가 동생들에게 말했습니다. "애들아, 잘 봐. 저분은 굉장히 열심히 일하는 분이셔. 우리가 가진 모든 것이 다 저분이 사주신 거야." 이 이야기를 듣자 막내 다람쥐가 "형, 그럼 우리 저분에게 우리 아빠 사달라고 부탁하자!"

가정은 하나님이 세우신 최초의 기관입니다. 여러분의 가정이 주님이 다스리시고 통치하는 천국을 경험하는 복된 가정이 될 수 있기를 간절히 축복합니다.

디모데후서는 사도 바울의 13개 서신중에서 제일 마지막에 쓴 책입니다. 유언과 같은 책입니다. 그래서 믿음의 아들, 영적인 아들 디모데에게 마음이 담긴 이야기를 순교 직전에 쓰고 있습니다.

"내가 밤낮 간구하는 가운데 쉬지 않고 너를 생각하여"(딤후 1:3).

사도 바울에게 있어서 디모데는 어떤 사람입니까? 기도할 때마다 다른 어떤 사람들, 어떤 기도 제목도 많이 있지만 디모데를 마음에 품고 영적인 아들 디모데를 위해서 계속 축복하며 사랑하며 기도하고 있다는 것입니다. 바울에게 있어서 기도할 때 생각나는 사람이 바로 디모데라는 것입니다.

여러분들도 기도할 때 생각나는 사람이 있지요? 누가 생각나십니까? 기도 제목을 부탁한 사람들이 기도할 때 생각날 것입니다. 특별히 육체적으로 질병 가운데 거하는 사람들이 생각날 것입니다. 그리고 정말 믿음으로 올바로 서 있고 아름다운 덕을 끼치며 인생을 살아가는 그 사람이 생각나서 기도하는 경우도 있습니다. 그 사람이 바로 디모데라고 사도 바울은 축복하며 기도하고 있는 것입니다.

누군가 기도할 때마다 나를 생각해서 매일 기도해 준다면 얼마나 행복할까요? 얼마나 기쁠까요? 필자는 여러분 모두가 디모데처럼 많은 사람이 기도할 때에 생각나는 사람이 되기를 축복합니다.

사실 부모님들은 자녀를 위해서 시키지 않아도 기도합니다. 내

가정, 이렇게 섬기라

리사랑이기 때문에 그렇습니다. 부모를 위해서도 기도를 많이 하게 됩니다. 하지만 부모를 위한 기도는 가끔 할 때가 있고, 자녀를 위한 기도는 시키지 않아도 매일 하는 것을 보게 됩니다.

필자의 교회는 교역자들이 새벽기도회가 끝나고 나면 강단에 올라와서 성도들의 이름을 불러가며 맡은 교구와 부서를 위하여 기도합니다. 필자도 성도들의 이름을 불러가면서 기도하고 있습니다. 성도님들도 기도하실 때마다 담임목사와 교역자들의 이름을 불러가며 기도해 줄 수 있기를 부탁합니다.

왜 사도 바울은 디모데를 향해 밤낮 쉬지 않고 기도할 때마다 생각날까요?

2절 말씀에 이렇게 말하고 있습니다. '사랑하는 아들 디모데.'

네, 사랑하기 때문에 그렇습니다. 사랑하는 사람은 시키지 않아도 기도합니다. 사랑하지 않는 사람을 매일 기도한다는 것은 어렵습니다. '사랑하는 아들 디모데'가 사도 바울 마음 판에 새겨진 것입니다. 내가 사랑하는 아들, 내 사랑하는 믿음의 아들, 영적인 아들이 디모데라는 것입니다. 사랑하기 때문에, 가슴에 있기 때문에, 내 마음에 품고 있기 때문에, 계속해서 축복하고 기도하는 사도 바울의 모습을 보게 됩니다.

부모님이 자녀 이름을 짓고 부르지 않습니까? 자녀 이름을 부른다는 것은 굉장한 축복이 아닐 수가 없습니다. '사랑하는 내 딸아, 사랑하는 내 아들아' 계속해서 이름을 부르고 축복하는 것은 그 아이를 인정한다는 것입니다. 그 아이를 축복한다는 것입니다. 그 아이를 사랑한다는 것입니다. 칭찬한다는 것입니다. 그래서 부모님들은 자녀의 이름을 수천 번, 수만 번, 수십만 번, 지금도 계속해서 불러가며 주님 앞에 기도하고 계실 것입니다.

하나님은 우리의 이름을 아시고 부르시며 사랑하시는 줄로 믿습니다. 회개하라고 내 이름을 불러주십니다. 축복한다고 내 이름을 불러주십니다. 사랑한다고 내 이름을 불러주시고, 사명을 맡기시려고 내 이름을 불러주십니다.

"아담" 부르십니다. 너의 설 자리는 숨는 자리가 아니라는 것입니다. 나오라는 것입니다.

"노아" 사명을 맡기기 위해서 노아의 이름을 부르시며 축복하시는 사랑의 음성, 하나님의 메시지입니다.

"아브라함"을 부르시고, "사무엘"을 부르시고, "마르다", "마리아", "나사로", "삭개오"라고 부르신 주님은 또 여러분의 이름을 부르시며 "사랑하는 내 딸아, 사랑하는 내 아들아"라고 하시는 것입니다.

사탄은 늘 우리에게 속임수를 씁니다. "하나님은 너를 사랑하지 않아. 하나님은 너의 이름을 부르지 않아. 다른 사람은 다 사랑하지만 너는 이 세상에 쓸모없는 인생이야"라고 합니다.

여러분, 그렇지 않습니다. 하나님께 우리는 사랑받는 존재이고, 주님은 우리를 사랑하십니다. 주께서 우리를 거룩한 백성으

가정, 이렇게 섬기라

로 삼아 주시고, 하나님의 형상으로 지으시고, 예수 그리스도로 말미암아 우리를 구속해 주셔서 우리의 이름을 불러주시며 우리를 축복하십니다.

혹시 사랑하는 아버지와 어머니를 먼저 주님께 보내신 가정이 있을 것입니다. 그런 가정이 혹 있다면 하나님의 음성을 들으십시오. "사랑하는 딸아, 사랑하는 아들아, 하나님이 너의 아버지다. 너희는 하나님의 사랑스러운 아들, 딸이다. 내가 너를 책임지며, 내가 너를 보호하며, 내가 너를 축복한다"라는 메시지를 듣고 하나님 아버지를 의지하고 믿고, 그 하나님 아버지와 동행하며 살아갈 수 있기를 축복합니다.

혹 사랑하는 아버지, 어머니가 살아 계신다면, 그 사랑하는 아버지, 어머니, 부모님의 이름을 불러드리고, 안아드리고, 그리고 마음을 함께 나누셔서 사랑의 행복의 공동체가 될 수 있기를 간절히 소원합니다.

사도 바울에게서는 믿음의 아들이 디모데뿐만 아니라 많았습니다. 그가 복음을 증거하고 그 복음을 통해서 구원받은 주의 백성들 모두가 다 사도 바울의 영적인 자녀였습니다.

그런데 특별히 디모데는 다른 영적인 아들 중에서도 더 사도 바울에게 보통 존재가 아닌 것을 본문 말씀을 통해서 보게 됩니다. "디모데를 생각하면 감사가 넘치고, 디모데를 생각하면 기쁨이 넘친다"라고 말씀해 주고 있습니다. 디모데는 사도 바울을 감동하게 하는, 감동을 주는 사람이었던 것을 알 수가 있습니다.

> "내가 밤낮 간구하는 가운데 쉬지 않고 너를 생각하여 청결한
> 양심으로 조상 적부터 섬겨오는 하나님께 감사하고" (딤후 1:3).

내가 밤낮 기도하는데, 내가 쉬지 않고 너를 위해서 기도하고 너를 생각한다고 말하고 있습니다. 내가 너를 위해서 기도하는 가운데 하나님께 감사함이 넘친다는 것입니다.

우리가 누군가를 생각하고 위해서 기도하다 보면 감사하는 마음이 넘치지 않습니까? "오 주여, 내게 이런 사람을 붙여주시다니, 내게 이런 동역자를 붙여주시다니, 주여 감사합니다. 나는 정말 허물 많고 부족한데, 이런 아내와 이런 남편과 이런 부모와 이런 자녀를 내게 붙여주시다니 정말 감사합니다"라고 하게 됩니다. 기도할 때마다, 그 사람을 생각할 때마다 감사함이 넘쳐나는 축복의 인생이 될 수 있기를 간절히 소원합니다. 디모데를 위해서 기도할 때마다 기쁨이 충만하다고 말하고 있습니다.

> "네 눈물을 생각하여 너 보기를 원함은 내 기쁨이 가득하게
> 하려 함이니" (딤후 1:4).

"내가 너 보기를 원한다. 디모데, 보고 싶다. 왜? 너를 보면 내

가정, 이렇게 섬기라

마음이 기쁘고 행복하기 때문이다"라고 말하는 것입니다. 사도 바울과 디모데는 이러한 관계였던 것입니다. 우리도 누군가를 생각하면 보고 싶고, 기도하고 싶고, 하나님께 감사가 될 뿐 아니라 왠지 기쁩니다. 어떤 사람은 보기만 해도 기쁨이 있습니다. 어떤 사람은 그냥 보고 있으면 너무너무 행복합니다. 그게 자녀 아닙니까? 그게 부모 아닙니까? 그게 동역자 아닙니까? 그냥 보고 있는데 보고 싶습니다.

필자는 여러분들이 주위에 부담을 주는 존재가 아니라 감동을 주는 존재, 기쁨을 주는 존재가 되기를 축복합니다. 왠지 기쁩니다. 만나고 싶습니다. 또 만나고 싶습니다. 오늘 만났는데 내일도 또 보고 싶습니다. 그것이 바로 교회 행복공동체인 줄로 믿습니다.

보고 싶은 것입니다. 보기를 원하는 것입니다. 왜? 내 기쁨이 충만하게 되기를 원한다는 것입니다. 너를 보는 것은 내 기쁨이라는 것입니다. 디모데는 사도 바울에게 있어서 감사와 기쁨을 유발하는 사람이었습니다. 어떻게 디모데는 사도 바울에게 기쁨을 주는 존재, 감사를 주는 존재였을까요?

"네 눈물을 생각하니"(딤후 1:4).

눈물의 사람이었다는 것입니다. 네가 주님을 위해서 헌신하고, 네가 주님을 위해서 충성을 다했던 그 눈물을 내가 기억한다고 말하고 있는 것입니다. 그래서 잊을 수가 없는 것입니다.

사랑하는 자녀들은 부모님의 눈물을 알까요? 사랑하는 부모님들은 자녀가 왜 우는지, 왜 가슴 아파하는지를 아십니까?

사도 바울은 디모데가 눈물로 주님을 섬기는 모습을 보면서 네 눈물이 귀하다고 말합니다. 내가 사랑할 수밖에 없고, 너를 기뻐할 수밖에 없다고 말하는 것입니다. 이런 동역자가 내게 있어 정말 감사하다고 고백하는 것입니다.

필자와 여러분들이 삭막한 이 시대 속에서 감성이 넘치는 눈물의 사람이 되기를 축복합니다. 눈물의 사람을 주님은 쓰십니다.

사도행전 20장을 보면, 사도 바울이 밀레도에서 에베소 교회의 장로들과 함께 더불어 고별 설교를 하며 부둥켜안고 울면서 했던 이야기가 있잖습니까? 에베소교회에서 삼 년 동안 목회할 때 눈물로 목회했다고 사도 바울이 고백합니다. 목회는, 사역은, 봉사는, 충성은 머리로 하는 것이 아니라 눈물로 하는 것입니다.

자식은 눈물로 키우는 것입니다. 우리의 눈물이 메마르지 않을 때 우리의 다음 세대와 우리 자녀와 우리 교회에 하나님의 축복이 넘쳐날 줄로 믿습니다.

"이 말을 한 후에 무릎을 꿇고 그 모든 사람들과 함께 기도하니 다 크게 울며 바울의 목을 안고 입을 맞추고"(행 20:36-37).

가정, 이렇게 섬기라

하나님은 메마른 사람을 쓰지 않습니다. 삭막한 사람을 쓰지 않습니다. 지식뿐만 아니라 감성도 풍부한 사람, 함께 내 죄를 주님 앞에 내놓고 아파할 줄 아는 사람, 우리 주위의 불행한 사람들을 바라보며 함께 손을 내밀고 함께 동역할 수 있는 사람을 주님이 사랑하시는 줄로 믿습니다.

예레미야는 눈물의 선지자였습니다. 요셉은 눈물의 사람이었습니다. 히스기야는 눈물로 기도할 때에 네 눈물을 보았다고 말씀하시면서 그의 질병을 치유하시고 15년 동안 생명을 연장해 주셨습니다.

예수님은 통곡하며 주님 앞에 기도하셨습니다. 주님은 무너져 가는 예루살렘 성을 바라보며 우셨고, 죽은 친구 나사로의 무덤 앞에서 눈물을 흘리시며 그를 사랑하고 살려주셨습니다.

왜 웁니까? 슬퍼서 웁니까? 서러워서 웁니까? 우리가 우는 이유는 내 힘으로는 안 된다는 것에 대한 표현입니다. 내가 할 수 없다는 것입니다. 하나님이 하셔야만 하는 것입니다. 그래서 우는 것입니다.

자녀의 문제가 내 힘으로 되던가요? 그러니까 주님 앞에 울 수밖에 없는 것입니다. 내 자녀를 주님 앞에 올려드리면서 내 힘으로 할 수 없으니까 우는 것입니다. 질병의 문제가 내 힘으로 되던가요? 안 되니까 주님 앞에 통곡하며 기도하는 거 아닙니까? 안 믿는 남편 내 힘으로 되던가요? 그러니까 주님 앞에 목놓아 우는 거 아닙니까? 주의 전에 나와서 "주여, 아버지!"라고 기도할 때 하나님께서 그 마음을 위로해 주실 줄로 믿습니다.

사람들을 바라보고, 세상을 바라보고, 정죄하고, 비판하고 고발하는 사람, 이런 사람에게 눈물이 있는 거 보았습니까? 없습니다.

눈물이 사라져가는 이 시대 속에, 사람들의 마음이 점점 강퍅해져 가는 이 시대 속에 우리의 교회가 예배 때마다 눈물을 훔쳐가며 예배하는 사람들이 많이 있는 것을 볼 때 참 감사합니다. 눈물이 회복될 수 있기를 축복합니다.

내 힘으로 할 수 없음을 고백합시다. 하나님이 하셔야 한다고 말씀드립시다. 목 놓아 울고, 마음을 쏟고 울어야 합니다. 다른데 가서 울지 마시고 주님 앞에서 쏟으시고 네 눈물을 보았다고 하시는 주님의 음성을 들으십시오.

토마스 왓슨은 "눈물 골짜기를 지나야 낙원이 온다"라고 했으며, 스펄전은 "천국은 메마른 눈으로 갈 수 없다"라고 했고, 허드슨 테일러는 "영혼을 사랑할수록 눈물이 많아지고 눈물이 강물되어 흐를 때 하나님의 응답은 속히 실현된다"라고 말했습니다. 똑똑한 사람도 좋지만 우리가 많은 사람에게 감동을 주는 사람이되기를 축복합니다. 디모데가 그런 사람이었습니다. 디모데는 눈물의 사람이었습니다. 그리고 기쁨을 안겨주고, 감사를 유발하는 하나님의 사람이었던 것을 보게 됩니다. 더 나아가서 본문에 보

가정, 이렇게 섬기라

면 이렇게 말하고 있습니다.

"이는 네 속에 거짓이 없는 믿음이 있음을 생각함이라"(딤후 1:5).

거짓이 없는 믿음이 있음을 내가 기뻐한다는 것입니다. 디모데의 믿음은 참믿음이라고 말합니다. 순결하고 진실한 믿음이며, 거짓이 없는 믿음이라는 것입니다. 그래서 내가 기뻐하고 감사하고 감격한다고 말하고 있는 것입니다.

거짓이 없는 믿음을 언급한다는 것은 거짓이 있는 믿음도 있다는 거 아닙니까? 거짓이 있는 믿음은 무슨 믿음일까요?

예수 그리스도로 말미암아 우리가 구원함을 받는 줄로 믿습니다. 그런데 여기에 자꾸 뭘 붙이려고 하는 것입니다. 십자가 사건과 부활 사건이 완성인데도 불구하고, 누가 메시아를 보았다고 하든지, 자기가 보혜사라고 말한다든지, 그건 다 가짜 믿음입니다.

그런 유혹을 다 벗어버리고 참된 믿음으로 구원받고 믿음으로 기도할 때 우리의 기도가 주 앞에 상달 될 줄로 믿습니다. 우리가 믿음으로 찬송하고 예배할 때 주께서 예배를 받으실 줄로 믿습니다.

성경에 믿음으로 하지 않는 모든 것이 다 죄라고 말해주고 있습니다. "네 믿음대로 될지어다." "네 믿음이 너를 구원하였느니라."

거짓이 없는 믿음, 정직한 믿음, 순수한 믿음, 꾸미지 않고 변

함없는 믿음, 한결같은 믿음으로 서시기를 축복합니다.

환경 때문에 흔들리는 믿음은 참된 믿음이 아닙니다. 물질 때문에 믿음이 흔들린다면 그건 진짜 믿음이 아니지 않습니까? 질병 때문에 내 믿음이 흔들린다는 건 진짜 믿음이 아니지 않습니까? 진짜 내가 주님을 믿는다면, 내가 부활을 믿는다면, 내가 천국을 믿는다면, 어떤 상황 속에서라도 흔들리지 않고 승리할 줄 믿습니다.

복음을 증거할 때 많은 사람이 함께 동역했습니다. 기적이 일어날 때 많은 사람이 동역했습니다. 그런데 지금 사도 바울이 감옥에 있습니다. 다 떠나갔습니다. 얼마나 외롭겠습니까? 그런데 디모데는 그 어려운 환경 속에서 떠나지 않고 사도 바울의 동역자가 되어 거짓이 없는 믿음으로 바울에게 위로와 기쁨이 되는 것입니다. 거짓이 없는 믿음이란 무엇일까요? 내가 불리한 상황 속에서도 믿음을 저버리지 않고 함께 십자가를 붙들고 걸어가는 것이 참된 믿음인 줄로 믿습니다. 불리할 때는 십자가를 내팽개치고, 자기의 이익을 위해서 신앙 생활하는 것은 참믿음이 아닙니다.

디모데는 기쁨과 감사를 주는 사람이었고, 그에게는 눈물이 있었고, 거짓이 없는 믿음이 있었습니다. 그 믿음이 어디서 나왔을까요? 할머니와 어머니의 믿음 때문이라고 성경은 말해주고 있습니다.

가정, 이렇게 섬기라

"이 믿음은 먼저 네 외조모 루이스와 네 어머니 유니게 속에 있더니 네 속에도 있는 줄을 확신하노라"(딤후 1:5).

사도 바울이 디모데를 축복합니다. "사랑하는 디모데, 너 정말 너무 귀하다. 너의 거짓이 없는 믿음, 고난 가운데서 눈물 흘리며 주를 붙잡고 살아가는 그 믿음이 너무너무 귀하다. 너의 이 믿음이 네 어머니와 네 할머니에게서 나왔구나!"라고 하는 것입니다. 믿음이 전수되는 모습을 보게 됩니다.

이 세상에 어떻게 우리가 믿음을 갖고 태어납니까? 믿음을 갖고 태어난 사람은 세상에 단 한 사람도 없습니다. 어머니의 기도를 통해서, 아버지를 통해서, 어떤 목사님을 통해서, 어떤 친구를 통해서, 누군가를 통해서 믿음이 온 거 아닙니까?

로이스 외할머니를 통해서 그의 딸 유니게에게 왔고, 유니게를 통해서 디모데에게 그 믿음이 왔다는 것입니다. 이 거짓이 없는 믿음은 그 어머니에게도, 할머니에게도 있었다는 것입니다.

거짓 없는 믿음이 결국 자녀에게 임한 것입니다. 얼마나 아름다운 이야기입니까?

필자는 이 세상을 살아가면서 참 부러운 사람이 있습니다. 정말 아름답게 신앙 생활하는 성도들 모습을 보면 너무 기쁘고 행복하지만, 더 행복한 것은 이 믿음의 1대가 2대가 되고, 2대가 3대로, 3대가 4대가 되고, 믿음의 사람, 믿음의 자손이 세워지는 것을 보면 행복합니다.

우리 믿음의 선배들이 복음의 바통을 들고 열심히 달려왔고, 후배들에게 믿음의 바통을 물려주었습니다. 그런데 우리가 그것을 떨군다면 우리의 믿음은 중단됩니다. 하지만 자손들에게 이 복음의 바통을 또 물려줌으로 말미암아 그 사람이 또 주고 또 달려가서 또 다음 세대에게, 또 다음 세대에게 계속해서 믿음의 가문이 이어가기를 주 예수 그리스도의 이름으로 축원합니다.

우리 믿음의 부모들이 순교적인 각오로 기도하며 금식하며, 철야하며, 새벽기도하며 "믿음이 최고야, 주님 앞에 예배드려야 해. 기도해야 해"라고 외쳤던 그 메시지를 기억하십시오. 삶으로 보여주었던 그 놀라운 모습을 기억하십시오. 우리가 사랑하는 자녀들이 이 세상을 살아가는 동안에, 물질 만능주의에서, 과학만능주의에서 살아가는 동안에도 불구하고 어머니 아버지가 믿었던 그 믿음을 소유할 수 있다면 정말 잘한 것입니다.

내가 물려줄 재산이 많이 없다 할지라도, 내가 섬겼던 그 놀라운 주님을 자녀들도 동일하게 섬길 수 있다면, 그것만큼 행복하고 놀라운 가정이 어디 있겠습니까?

디모데의 아버지는 헬라인입니다. 어머니는 유대인입니다. 디모데의 어머니는 국제결혼을 한 사람입니다. 디모데의 아버지는 이방인입니다. 사도행전 16장에 나옵니다. 두 사람이 결혼했습니다. 안 믿는 사람하고 불신자하고 이방인과 결혼을 해서 낳은 아들이 디모데입니다. 국제결혼이 문제가 아니라 그의 정체성이 문제입니다. 그런데도 이 유니게는 사랑하는 아들 디모데에게 믿음을 전수하는 것을 놓치거나 실패하지 않았습니다.

디모데는 어릴 때부터 외할머니와 어머니의 예배하는 모습을 보았고 성경을 읽는 모습을 보았다고 디모데후서 3장 15절은 기록하고 있습니다.

사랑하는 여러분, 믿음의 놀라운 역사가 우리 당대에 중단되지 않기를 축복합니다. 자녀들에게 이 놀라운 복음의 유산을 물려줄 수 있기를 축복합니다.

할머니 할아버지들은 자녀들과 손주들의 얼굴만 봐도 행복하지 않습니까? 그들이 밥을 먹는 모습, 아장아장 걷고 말을 하고 찬양하고 예배한다면 얼마나 기쁘고 행복하시겠습니까?

여러분, 오뚝이를 아십니까?

오뚝이는 딱 치면 넘어질 뻔했다가도 다시 일어납니다. 툭 치면 또 넘어질 뻔하다가도 또다시 일어납니다.

부모의 기도와 축복과 아름다운 사랑이 자녀들에게 믿음의 중심추가 되기를 원합니다. 자녀들 인생 가운데 얼마나 유혹이 많겠습니까? 자녀들에게 얼마나 핍박이 있겠고 얼마나 유혹이 많을 것이며, 넘어질 때가 많이 있겠습니까? 그런데도 어릴 때 받았던 그 믿음, 그 놀라운 사랑과 주님을 향한 뜨거운 열정이 식지 않음으로 말미암아 넘어진다고 할지라도 다시 한번 바로 일어나는 믿음의 영적 자녀들이 될 수 있기를 간절히 소원합니다.

우리 삶에서 가장 중요한 것이 무엇이겠습니까?

첫째 하나님, 둘째 가정, 셋째 직업입니다. 이 순서가 중요합니다.

아빠 다람쥐가 열심히 일했지만, 가정을 위해서 일한다고 했지만, 가정에는 아빠가 없었고, 남편은 없었다는 것입니다. 세 번째가 우선순위로 되면 가정은 무너지고 말 것이며, 하나님과의 신앙도 무너지게 될 것이고, 결국 우선순위를 잘못 선택함으로 말미암아 인생이 파괴되는 것입니다. 저와 여러분들이 인생을 살아가면서 하나님 우선주의로 살아갈 수 있기를 축복합니다. 그리고 가정을 지키셔야 합니다. 무슨 일이 있어도 가정을 지키셔야 합니다. 가정을 지키지 않는 부요와 명예는 죽을 때가 되면 반드시 후회합니다.

저와 여러분들이 정말 가족을 살리는 거룩한 믿음의 식구들이 되기를 간절히 소원합니다. 우리가 돈 버는 것을 자녀들이 이해해 줄 것이라 생각하면 안 됩니다.

모세가 모세될 수 있었던 것은 기도하는 어머니 요게벳이 있었기 때문입니다. 디모데가 디모데가 되었던 근거는 외할머니 로이스와 어머니 유니게의 기도가 있었기 때문입니다.

감리교회의 창시자 존 웨슬리가 생겨날 수 있었던 것은 눈물의 어머니인 수산나가 있었기 때문이며, 성 어거스틴이라고 하는 위

          가정, 이렇게 섬기라

대한 하나님의 사람이 생겨난 것도 배후에 어머니 모니카의 눈물의 기도가 있었기 때문입니다. 그래서 마지막에 고백합니다. "눈물의 자식은 망하지 않는다."

모세의 자녀가 쓰임 받았던 것을 보셨습니까? 다윗의 아들 솔로몬 이외에 똑바른 아들이 세워진 거 보셨습니까? 사무엘은 한나의 기도를 통해서 낳은 아들인데, 이 사무엘의 아들들이 주님 앞에 쓰임 받지 못했습니다. 베드로의 자녀가 주님 앞에 쓰임 받은 것을 보았습니까? 그런 것이 나타나지 않습니다. 왜 그럴까요? 눈물의 기도의 어머니가 없었기 때문에 그렇습니다.

믿음의 가문이 세워진다는 것은 결코 쉬운 일이 아닙니다. 사랑하는 어머니들이 정말 로이스와 유니게처럼 함께 자녀와 손주들을 붙들고 믿음을 심어주지 않으면, 눈물을 흘리지 않으면 절대 자녀가 믿음의 세대로 세워질 수가 없습니다. 사랑하는 부모님들, 사랑하는 여러분의 자녀들을 하나님의 시각으로 바라보십시오. 자녀를 하나님의 자녀로, 하나님의 아들로 보십시오. 하나님이 여러분의 자녀를 통해서 일하고 싶어 하시는 놀라운 계획을 보면서 하나님의 시선으로 자녀들을 볼 수 있기를 간절히 소원합니다.

그래서 우리의 자녀들의 인생 속에 아무리 어렵고 힘들어도 오뚝이처럼 믿음의 추가 흔들리지 않기 때문에 넘어져도 일어나고,

흔들려도 망하지 않고 믿음으로 승리하는 역사가 우리들의 기도와 눈물을 통해서 이루어질 수 있기를 간절히 소원합니다.

잠언 22장 6절은 이렇게 말합니다.

"마땅히 행할 길을 아이에게 가르치라. 그리하면 늙어도 그것을 떠나지 아니하리라."

마땅히 행할 길을 아이에게 가르치고 훈련하고 교육할 때, 내가 먼저 마땅히 해야 할 일을 부모가 먼저 살아갈 때, 본을 보일 때, 모델이 될 때, 부모님의 뒷모습을 바라보며 자녀들은 열심히 주의 길을 걸어갈 줄로 믿습니다.

우리의 말과 행실이 이중적이면 절대 자녀들이 믿음을 갖지 않습니다. 내게 붙여준 영혼들을 마땅히 행할 길, 예수 그리스도의 십자가의 보혈과 그 부활의 능력과 진리의 말씀을 심어줌으로 말미암아 우리 아이들이 평생 믿음을 떠나지 않고 우리보다 영적인 사람으로 세워지는 놀라운 축복의 역사가 일어날 수 있기를 간절히 소원합니다.

믿어지지 않는 이야기지만 실제 이야기 하나를 소개합니다.

어떤 남자가 꿈을 안고 군 생활을 하고 있었습니다. 열심히 살았던 사람입니다. 대령입니다. 이제 마지막 진급을 할 때가 되었

가정, 이렇게 섬기라

습니다. 대령까지 되었으니 장군이 되고 싶은 마음이 얼마나 크 겠습니까? 하지만 스타가 된다는 것, 장군이 된다는 것은 결코 쉬운 일이 아닙니다. 신원조회도 하고, 가정도 보고, 능력도 보고 다 봐야 하지 않습니까? 평생을 준비해 왔는데, 그 가정의 아들 이 사고를 치고 말썽을 너무 많이 부리는 것입니다. 그로 인해 그 가정에 큰 오점을 남기고 말았습니다. 진급하는 데 차질을 줄 만 큼 심각한 문제를 그 아들이 갖고 있었습니다.

그래서 부부가 하룻밤은 이런 의논을 했다고 합니다. "우리의 행복한 가정을 위하여, 우리의 꿈을 이루기 위하여 이 자식이 우 리 가정에 문제가 된다면 이 아이를 죽여버립시다." 부부는 결정 했습니다.

죽이는 방법은 아버지가 아들과 등산하다가 실족사로 위장하는 계획을 세웠습니다. 아버지가 아들과 함께 등산하려고 출발했습 니다. 산 중턱에서 휴식시간을 가집니다. "아들아 물 좀 떠와라." 물을 마시고 "너도 마셔라"라고 했습니다. 이 말에 아들은 이상하 다는 듯이 아버지를 쳐다보았습니다. 평생을 살아오는 동안에 아 버지가 따뜻한 말 한마디를 아들에게 해 준 적도, 물을 건넨 적도 없었기 때문입니다.

옛날에는 산에서 취사를 할 수 있었습니다. 아버지가 아들을 죽이려고 생각했지만, 마지막으로 이 산에서 따뜻한 밥 한 번 지 어서 아들에게 주고 죽이려고 마음을 먹었습니다. 그래서 산 정상에서 밥을 하기 시작했습니다. 그리고 찌개를 끓입니다. "아들아, 밥 먹어라. 찌개도 먹어봐. 너무 맛있다."

그런데 이게 웬일입니까? 그 찌개에 무엇인가 뚝뚝 떨어지는 것입니다. 아들의 눈물이었습니다. '아빠가 지금까지 한 번도 이렇게 친절하게 자기에게 사랑의 메시지나 국을 떠준 적이 없었는데 이렇게 따뜻하게 이 음식을 먹으라고 하다니'라는 마음으로 눈물을 흘린 것입니다. 이때 아버지의 마음 가운데도 꿈을 이루기 위해 열심히 살아왔지만, 아들 때문에 꿈을 이루지 못할 줄로 알고 죽이려고 하는, 아들에게 한 번도 좋은 아버지가 되어주지 못한 자신을 깨달으며 아픔이 느껴졌습니다.

그리고 찌개를 가운데 두고 아버지는 아들을 부둥켜안고 울기 시작합니다. "미안하다 아들아." 아들이 얼마나 행복했을까요? 죽이려고 했던 그 아들을 데리고 산에서 내려옵니다. 아들이 자랑스럽게 내려오면서 만나는 사람들에게 말합니다. "얘들아, 나 아버지 있다. 이분이 나의 아버지야. 이분이 나의 아버지야!"

사랑하는 여러분, 우리가 열심히 꿈을 위해서 살아간다고 하지만, 가정을 위해서 돈 번다고 바쁘게 살아간다고는 하지만 정말 가정을 위한 일일까요?

아버지의 자리, 어머니의 기도의 자리가 다 사라지니 우리 자녀들이 어떻게 아름답게 바로 세워질 수가 있겠습니까? 저와 여

153   가정, 이렇게 섬기라

러분들이 하나님을 우선순위로, 가정이 두 번째의 우선순위로, 가정을 하나님이 세웠다는 사실을 기억하시고 가정을 세워가는 믿음의 가족들이 되기를 간절히 소원합니다.

우리

최려옥

서로 다른 모습으로
오랜 시간을 보냈죠
그저 주어진 삶을 살았죠
날 위해 살아온 시간 속에
무뎌져 서로가 있어도
볼 수 없었죠

이젠 서로를 보아요
어색하고 어려워도
먼저 다가가 손 내밀게요
우린 다르지만
전혀 다르지 않죠
하나의 꿈을
바라보며 온 거죠

맘의 높은 벽을 지워내고
함께 걸어 가요 우리
세상이 볼 수 없던
아름다운 흔적
새겨 나갈 수 있도록

가정, 이렇게 섬기라

이젠 주위를 보아요
어색하고 어려워도
먼저 다가가 손 내민다면
다르지만 서로 채워갈 테죠
하나의 꿈을
나눠가며 살겠죠

맘의 높은 벽을 지워내고
함께 걸어 가요 우리
세상이 볼 수 없던
아름다운 흔적
새겨 나갈 수 있도록

조금 느리고
조금은 어렵더라도
포기할 수는 없죠
우리에겐
믿음의 약속
영원한 승리가 있어
온전히 이뤄질
그때까지

맘의 높은 벽을 지워내고
하나 되어 걸어 가요 우리
세상이 볼 수 없던
아름다운 흔적
새겨 나갈 수 있도록
맘의 높은 벽을 지워내고
하나 되어 걸어 가요 우리

세상이 볼 수 없던
세상이 볼 수 없던
세상이 볼 수 없던
세상이 볼 수 없던
세상이 볼 수 없던
상상할 수 없던
아름다운 주의 흔적
우리 되길

하나님을 경외하는 가정

시 128:1-6

이 땅의 모든 사람은 복을 좋아합니다. 복을 싫어하는 사람은 하나도 없습니다. 목사가 무엇을 하는 사람인가 한번 생각해 보았더니 복을 비는 사람, 축복하는 사람, 빌 축(祝), 복 복(福), 복을 빌어 주는 사람입니다.

여러분들도 주 예수의 이름으로 많은 사람을 축복할 수 있기를 간절히 바랍니다. 사람이 복을 줄 순 없습니다. 사람은 복을 비는 사람입니다. 축복할 수 있습니다. 하나님은 복을 주시는 분이십니다.

내가 원하는 복 말고 성경이 원하고 주님이 기뻐하시는 복이 참된 복입니다. 세상에는 참된 복이 있고 또 가짜 복이 있을 수 있습니다. 우리가 가짜 복을 붙잡으면 바람과 같은 것이기 때문에 잡히는 것이 하나도 없습니다. 기복주의는 하나님의 복만을 추구하고 나가는 사람입니다. 그러니까 하나님의 뜻보다는 자신의 소원성취를 최고의 목적으로 삼고 복만을 추구하며 살아가는 기복주의는 주님이 기뻐하지 않습니다.

그래서 무조건 "주시옵소서"만 하면 안 되고, "하나님 영광을 받으소서. 우리의 인생을 주 앞에 드립니다"라는 고백으로 주 앞에 나가면 여러분에게 하나님께서 복을 내려 주실 줄로 믿습니다.

참된 복은 소유에 있지 않고 관계에 있습니다. 하나님께서 복을 주실 수 있는 유일한 분이시기 때문에 주님과 교제할 때 하나님의 복이 우리 가운데 임하는 것입니다. 하나님과 교제가 없는데 어떻게 하나님의 복을 받을 수가 있습니까? 이 땅 가운데 유일하게 복을 주실 수 있는 하나님께서 우리에게 복을 주십니다.

이 세상에서는 소유가 많으면 행복합니다. 편하기 때문입니다. 그렇지만 편한 것과 잘 사는 것하고 행복하고는 좀 다릅니다. 건강과 환경과 물질과 명예와 상관없이 예수님을 모시고 있는 천국 백성들이기에 여러분들은 복 받은 사람이고 행복한 사람인 것을 믿습니다. 왜냐하면, 천국이 내 안에 있기 때문입니다.

이 세상에서 가장 큰 복은 무엇일까요?

첫 번째, 죄인된 내가 예수님 만나서 죄 용서받고 하나님의 백성이 된 것, 천국을 누리는 것이 최고의 복인 줄로 믿습니다.

두 번째 복은 무엇입니까? 천국을 나누는 것입니다. 내가 구원

가정, 이렇게 섬기라

받은 것이 가장 큰 축복이라면 내가 구원 사역에 쓰임 받아서 많은 사람을 복되게 하는 것입니다. 축복의 통로로 쓰임 받는 것입니다. 많은 백성이 나 때문에 예수님을 만나고 많은 사람이 은혜 속에 거하도록 복을 나누는 사람, 은혜를 나눌 수 있는 사람, 기쁨으로 나눌 수 있는 사람, 천국을 누리고 나누는 사람입니다.

예수 그리스도가 통치하는 천국과 하나님의 나라가 내 마음에 임하면 세상의 소유가 그렇게 부럽지 않습니다. 세상의 부요함이 부럽다는 것은 내 안에 주님이 주인으로 자리 잡지 못했다는 증거입니다. 내 안에 천국에 있으면 기쁨이 있습니다. 이것이 행복이지 않겠습니까? 주님과 동행하면 세상이 부럽지 않고, 남하고 비교하지 않고, 행복하고 감격이 있고 기쁨이 넘치게 됩니다.

"여호와를 경외하며 그의 길을 걷는 자마다 복이 있도다"

(시 128:1).

"여호와를 경외하는 자는 이같이 복을 얻으리로다"(시 128:4).

똑같은 메시지가 1절과 4절에 나옵니다. 이 땅에서 하나님을 아는 것이 축복입니다. 내가 하나님을 알아야, 내가 하나님을 만나야 하나님을 경외할 것 아닙니까! 하나님을 경외한다는 것, 하나님을 내가 두려워하는 마음으로, 하나님을 사랑하는 마음으로,

하나님을 의식하는 마음으로, 하나님 앞에서 살아가며 경외하는 자가 복이 있는 인생인 줄로 믿습니다.

하나님을 무시하고, 거부하고, 외면하고, 하나님이 없다고 말을 하고, 내 맘대로 살아가는 사람은 하나님을 경외하는 것이 아니기 때문에 복 받은 인생이 아닙니다. 진짜 복은 여호와를 경외하는 것입니다. 교회뿐만 아니라 집에서도 하나님 앞에서 살아가고, 직장과 일터와 내 모든 삶 속에서 주와 동행할 수 있고 하나님 앞에서 살아갈 수 있는 사람이 진짜 하나님의 복을 받은 것입니다.

"여호와를 경외하며 그의 길을 걷는 자마다"(시 128:1).

복이 있는 사람은 주님과 동행하는 사람입니다. 여호와를 경외하는 사람은 지식으로 하나님 말씀을 많이 아는 것이 아니라 그의 길을 걷는 사람입니다. 하나님을 경외하는 사람은 순종으로 그의 삶이 나타나는 사람입니다. 하나님께 붙잡혀서 사는 사람은 하나님을 경외하고 하나님을 바라보고 하나님을 찬양하며 말씀대로 순종하는 사람입니다.

하나님을 경외하는 사람은 하나님이 하라는 것을 하는 사람입니다. 하나님께서 하지 말라는 것은 하지 않는 사람입니다. 그것이 우리에게 복인 줄로 믿습니다.

가정, 이렇게 섬기라

"나는 길이요 진리요 생명이요." 주님이 길이라고 말씀하셨습니다. 천국 가는 길, 내 인생의 참된 길이 주님이십니다. 신앙고백뿐만 아니라 예수님의 길을 따라가는 것입니다. 그것이 복이 있는 인생인 줄로 믿습니다.

하나님 말씀을 내가 알고 기억하고 그 말씀을 새기며 그 말씀을 묵상하고 기뻐하고 즐거워하고 그 말씀대로 살아가는 것, 이것이야말로 본문 1절에서 말하는 복된 인생입니다.

시편 112편을 보겠습니다.

> "할렐루야, 여호와를 경외하며 그의 계명을 크게 즐거워하는 자는 복이 있도다 그의 후손이 땅에서 강성함이여 정직한 자들의 후손에게 복이 있으리로다 부와 재물이 그의 집에 있음이여 그의 공의가 영구히 서 있으리로다 정직한 자들에게는 흑암 중에 빛이 일어나나니 그는 자비롭고 긍휼이 많으며 의로운 이로다 은혜를 베풀며 꾸어 주는 자는 잘되나니 그 일을 정의로 행하리로다 그는 영원히 흔들리지 아니함이여 의인은 영원히 기억되리로다 그는 흉한 소문을 두려워하지 아니함이여 여호와를 의뢰하고 그의 마음을 굳게 정하였도다 그의 마음이 견고하여 두려워하지 아니할 것이라 그의 대적들이 받는 보응을 마침내 보리로다 그가 재물을 흩어 빈궁한 자들에게 주었으니 그의 의가 영구히

있고 그의 뿔이 영광 중에 들리리로다 악인은 이를 보고 한
탄하여 이를 갈면서 소멸되리니 악인들의 욕망은 사라지리
로다."

여호와를 경외하며 그의 계명, 하나님의 말씀을 내가 억지로
지키는 게 아니라 자원해서 기쁨으로, 감격으로, 말씀대로 살아
가는 것이 복되다고 말하고 있습니다.
2~3절에는 어떤 축복이 있는지 봅시다.

"그의 후손이 땅에 강성함이여 정직한 자들이 후손에게 복
이 있으리로다. 부와 재물이 그의 집에 있으며 그의 공의가
영구히 서 있으리로다."

여호와를 경외하며 하나님의 복을 모두가 다 누릴 수 있기를 간
절히 소원합니다. 억지로가 아니라 기쁨으로, 자원하는 마음으로
말씀대로 살아가기를 소원합니다.

하나님은 아브라함을 75세 때 부르셨습니다. 약속의 땅을 제시
하며 말씀하셨습니다. 아브라함은 순종하고 갑니다. 25년 만인
100세에 하나님께서 아들 이삭을 주셨습니다. 그런데 이 아이가
10대쯤 되었는데 하나님께서 번제로 아이를 드리라고 말씀하십

가정, 이렇게 섬기라

니다. 이게 말이 됩니까? 주실 때는 언제고 또 바치라니요? 얼마나 고민이 많겠습니까? 그런데 아브라함이 순종하며 나갑니다. 그 모습이 하나님을 경외하는 모습이라고 창세기 22장 12절에서 말씀하십니다.

> "사자가 이르시되 그 아이에게 네 손을 대지 말라 그에게 아무 일도 하지 말라 네가 네 아들 네 독자까지도 내게 아끼지 아니하였으니 내가 이제야 네가 하나님을 경외하는 줄을 아노라."

하나님을 경외하는 것은 하나님을 사랑하는 것입니다. 이 세상의 물질과 명예와 자녀보다도, 주님이 주신 선물보다도 하나님을 더 사랑하는 것이 경외하는 것입니다. 말씀대로 순종하며 하나님을 경외하는 것을 보시고 하나님이 감동을 받으셨습니다. 이에 하나님이 아브라함을 어떻게 복을 주시나 봅시다.

창세기 22장 14절 말씀입니다.

> "아브라함이 그 땅 이름을 여호와 이레라 하였으므로 오늘날까지 사람들이 이르기를 여호와의 산에서 준비되리라 하더라."

하나님을 경외하는 자에게 여호와 이레의 축복이 있습니다. 주께서 우리의 인생을 예비하고 준비하는 여호와 이레의 복이 주어집니다.

"이르시되 여호와께서 이르시기를 내가 나를 가리켜 맹세하노니 네가 이같이 행하여 네 아들 네 독자도 아끼지 아니하였은즉 내가 네게 큰 복을 주고 네 씨가 크게 번성하여 하늘의 별과 같고 바닷가의 모래와 같게 하리니 네 씨가 그 대적의 성문을 차지하리라 또 네 씨로 말미암아 천하 만민이 복을 받으리니 이는 네가 나의 말을 준행하였음이니라 하셨다 하니라"(창 22:16~18).

이렇게 하나님을 경외하는 백성에게 주께서 모른 척 않으시고 그의 인생을 열어주실 줄로 믿습니다.

"내가 네 손이 수고한 대로 먹을 것이다. 내가 복되고 형통하리로다"(시 128:2).

하나님께서 여러분에게 주고 싶어 하시는 놀라운 복이 있는데, 그것은 바로 수고한 대로 먹는 복을 주신다는 것입니다. 내가 일한 대로 먹는 거 당연한 거 아니냐고 반문할 수 있습니다. 과연 그럴

가정, 이렇게 섬기라

까요?

지금까지 살면서 얼마나 수고가 많으셨습니까? 날마다 땀 흘리며 수고하셨습니다. 그런데 지금까지 그렇게 애쓰고 수고한 열매를 다 거두고 있습니까? 그렇지 않습니다. 다 거두는 분들도 있고 못 거두는 분들도 많습니다. 예를 들어 내가 백을 땀 흘렸는데 백을 얻는다는 것은 축복입니다.

우리 주위에는 수고한 만큼 얻지 못하는 사람이 있습니다. 도둑이나 강도가 빼앗아 가기도 합니다. 기드온 시대에 이스라엘 백성들이 열심히 농사한 것을 미디안 사람들이 전부 훔쳐 가지 않습니까? 심은 것을 거두지 못하는 사람들도 많다는 겁니다.

여러분들이 심는 대로 거두는 복이 임하기를 축복합니다. 노동자들이 백을 일하지만 오십 밖에 못 받는 경우도 많습니다. 내가 수고한다고 전부 얻는 것이 아닙니다.

학생이 공부를 열심히 하지만 다 합격하고, 다 일등 하는 것이 아닙니다. 교사들이 열심히 다음 세대를 가르치는데 다음 세대가 전부 잘 세워지면 좋은데 그렇지 않을 때도 있지 않습니까? 수고한 대로 땀 흘리는 대로 얻는다는 것은 축복인 것을 보게 됩니다. 필자는 이 사회가, 이 나라와 온 민족이, 땀 흘리는 대로 얻는 축복의 나라가 되기를 간절히 원합니다.

누구든지 일할 수 있고 일한대로 먹을 수 있는 복이 우리 가운데 임하면 얼마나 좋겠습니까? 내가 땀도 안 흘리고 수고도 아니하는데 소유가 많아지는 것은 복이 아닙니다. 땀의 가치가 없는데 그냥 소유만 있다는 것은 독입니다. 화가 됩니다. 자녀에게 유산을 물려준다는 것도 가치를 모르면 이것이 복이 될까요? 개척정신이 있어야 하고, 성실함이 있어야 하고, 땀의 수고를 알아야하는 것이 진짜 복입니다.

일하지 않는 세상을 꿈꾸면 안 됩니다. 주님은 게으름을 싫어하십니다. 주님과 함께 일하고, 일한 만큼 주께서 주시는 것이 복인 줄로 알 수 있기를 바랍니다.

전도서 3장 12-13절 말씀을 보겠습니다.

> "사람들이 사는 동안에 기뻐하며 선을 행하는 것보다 더 나은 것이 없는 줄을 내가 알았고 사람마다 먹고 마시는 것과 수고함으로 낙을 누리는 그것이 하나님의 선물인 줄도 또한 알았도다."

수고함으로 낙을 누리는 것이 선물이지 수고하지 않고 얻는 것은 선물이 아닙니다. 그렇게 인생을 살아가는 사람은 아름답고 알차고 의미 있고 가치 있게 살 수가 없습니다.

수고하면서 얻어지는 복은 일터의 복입니다. 직장이 복입니다. 사업이 복입니다. 여러분들이 고민하고 있고, 꿈꾸고 있고, 땀 흘

가정, 이렇게 섬기라

리고 수고하는 그 모든 대가를 여러분 모두가 다 받을 수 있는 은 혜가 있기를 간절히 소원합니다. 그래서 우리의 일터가 지옥이 아니라 감격이요, 기쁨이요, 주님과 동행하는 아름다운 직장과 사업장이 될 수 있기를 간절히 소원합니다.

하나님은 구경하는 분이 아니십니다. 하나님은 일하는 분이십 니다. 우리의 기도를 계속해서 응답하시는 주님이십니다. "쉬지 말고 기도하라." 쉬지 말고 어떻게 기도합니까? 이 말은 쉬지 않 고 내가 너에게 응답해 주겠다는 표현입니다.

> "예수께서 그들에게 이르시되 내 아버지께서 이제까지 일 하시니 나도 일한다 하시매"(요 5:17).

천지 만물을 창조하실 때만 일하시는 것이 아니라 지금도 우리 를 보살피며 예배를 받으시며 은혜를 부으시며 구원의 역사를 쉬 지 않고 하나님께서 일하시는 줄로 믿습니다.

그러므로 당연하게 일을 해야 합니다. 일하고 땀 흘리고 수고 해야 합니다. 얻어지는 축복이 있습니다. 손의 수고가 얼마나 귀 합니까? 하나님을 알아가는 것이 지식으로만 되면 머리만 커져 서 가분수가 됩니다. 하나님을 아는 만큼 손과 발이 움직여서 손 으로 수고해야 합니다.

피아노와 바이올린과 첼로를 손으로 연주해서 흘러나오는 아

름다운 앙상블의 작품을 생각해 보십시오. 그림도, 악기도, 요리
도, 여러 종류의 작품도 다 손으로 수고하는 것이 얼마나 아름답
고 귀합니까? 이 손으로 많은 사람을 구타하거나 도둑질하는 것
이 아니라 손으로 아름답게 수고해서 하나님의 복을 누리며 살아
가는 우리가 될 수 있기를 간절히 소원합니다.

"내 집 안방에 있는 내 아내는 결실한 포도나무 같으며 네
식탁에 둘러 앉은 자식들은 어린 감람나무 같으리로다"(시
128:3).

너무 아름다운 복입니다. 생각해 보십시오. 내가 수고를 열심
히 했습니다. 돈을 열심히 벌었습니다. 얼마나 아름다운 일입니
까? 그런데 내가 직장과 일터와 사회 속에서 열심히 일했는데 가
정이 엉망이면 이것이 복이겠습니까?

3절에는 가정에 복이 임함에 대해 말씀하고 있습니다. 아내에
대해서 말합니다. 어떤 아내가 정말 현숙한 아내일까요?

"고운 것도 거짓되고 아름다운 것도 헛되나 오직 여호와를
경외하는 여자는 칭찬을 받을 것이라"(잠 31:30).

현숙한 여인은 여호와를 경외하는 여인입니다. 여호와를 경외

하는 아내를 얻는 남편은 얼마나 행복할까요? 여호와를 경외하는 남편이 있는 아내 또한 얼마나 아름다울까요?

"내 안방에 있는 내 아내는 결실한 포도나무 같으며." 아내는 포도나무입니다. 어디에 있다고 합니까? 안방에 있답니다. 이름도 없이 빛도 없이 희생하며 섬기며 나아가는 여인들의 모습이 아름답지 않습니까?

포도나무는 아무 데도 쓸데가 없습니다. 열매 외에는 쓸모가 없습니다. 이 포도나무는 일단 가지가 약합니다. 가지가 단단하고 굵고 두껍지 않아서 부러질 수밖에 없습니다. 망가지기 쉽습니다. 관상용으로도 볼품이 없습니다. 재목으로 쓰기에도 적합하지 않습니다. 아주 약한 것이 포도나무입니다.

무슨 말입니까? 여자는 연약한 그릇이라는 것입니다. 그래서 포도나무는 반드시 버팀목이 있어야 합니다. 포도나무인 아내에게는 버팀목이 있어야 열매를 맺을 수가 있다는 것입니다.

연약한 그릇이기 때문에 더 보살핌이 필요합니다. 세심한 사랑이 필요합니다. 보호가 필요합니다. 지지해 주어야 하고, 돌봐주어야 합니다. 그렇지 않으면 아내가 바로 설 수가 없다는 것입니다.

그러므로 아내에게 있어서 가장 필요한 것이 여호와를 경외하는 남편입니다. 남편에게 가장 필요한 것은 여호와를 경외하는 아내입니다. 그래서 아내 곁에서 힘이 되어주고 의지가 되어주고 든든한 버팀목이 되어주어야 아내가 아름다운 열매를 맺을 수가 있다는 것입니다.

이 말씀을 듣는 가운데 혹시 힘든 분이 계신다면, 여러분의 인생 가운데 태의 문이 열어질 수 있기를 축복합니다.

"네 식탁에 둘러앉은 자식들은 어린 감람나무 같으리로
다"(시 128:3).

상상해 보십시오. 여러분의 식탁에 자녀들이 함께 둘러앉아서 서로 사랑의 교제를 하고 이야기를 나누고 밥을 함께 먹는 것, 이것이 식구입니다. 식구(食口)의 뜻이 무엇입니까? 같은 집에 살며 끼니를 함께 하는 사람, 이것이 식구입니다.

현대인들의 병이 무엇입니까? 외로움입니다. 쓸쓸함입니다. 혼자 밖에 없는 것입니다. 주님의 말씀대로 여러분의 가정에 밥을 같이 먹는 식구가 있기를 축복합니다.

여러분의 가정은 어떻습니까? 같이 모이고 있습니까? 함께 예배하고 있습니까? 함께 찬양하고 있습니까? 함께 대화하고 있습니까? 이것이 가정의 건강 지수입니다.

"자녀는 감람나무다." 감람나무는 1년이 지나도 성장하지 않습니다. 2년이 지나도 꽃도 안 피고 3년이 되어도 열매를 맺지 못합니다. 빠르면 7년, 늦으면 15년까지는 열매를 맺지 못하는 나무가 감람나무입니다. 그런데 15년이 지나야 열매를 맺지만, 여러

가정, 이렇게 섬기라

분 감람나무의 수명이 얼마인지 아십니까? 천 년 이상입니다.

감람나무는 전체가 버릴 것이 하나도 없습니다. 열매면 열매, 나무면 나무, 가지면 가지, 껍질까지도 상처에 바르는 약으로 사용되고, 해열제로도 사용합니다. 이 감람나무가 바로 우리가 잘 아는 올리브나무입니다. 감람나무 열매를 짜면 왕과 제사장과 선지자에게 기름 붓는 기름으로 사용합니다. 식용으로, 음식으로 사용되고, 일 년에 한 나무가 0.5 톤의 소출을 냅니다.

우리 아이들이 감람나무 같다는 것입니다. 지금은 아이들이 언제 크나, 언제 철이 드나 싶을 때가 많습니다. 감람나무는 15년까지 크지도 않습니다. 열매를 못 맺습니다. 그런데 때가 되면 무한한 가능성이 있어서 가정을 빛내고 사회를 빛내고 국가를 빛내게 될 것입니다. 할렐루야!

이러한 자녀의 축복이 본문 메시지를 통해서 선포되는데 그대로 받으시길 축복합니다. 그런데 포도나무는 밟히지 않으면 포도주가 못 나오고 성찬에 쓸 수가 없습니다. 내가 희생하지 않으면, 내가 섬기지 않으면, 감람나무가 나올 수가 없습니다. 감람나무만 원하시면 안 됩니다. 내가 희생하지 않으면, 내가 섬기지 않으면, 내가 주의 교양과 훈계로 양육하지 않으면, 내가 축복하지 않으면 어떻게 자녀가 감람나무가 될 수가 있겠습니까?

때로는 인내하면서, 우리 교회 다음 세대를 가슴에 품고 축복해야 합니다. 10년 후, 20년 후를 기대하며 우리 자녀들을 축복해야 합니다. 이들을 예배의 세대로, 부흥의 세대로, 거룩한 영적인 리더가 되어 이 사회와 민족과 열방 가운데 책임지는 영적인 거장들이 되기를 간절히 소원합니다.

"마른 떡 한 조각만 있고도 화목하는 것이 제육이 집에 가득하고도 다투는 것보다 나으니라"(잠 17:1).

먹을 것이 잔뜩 많은데 매일 다투고, 불만과 불평이 있고, 원망하면 그것이 무슨 복이겠습니까? 시편 128편 말씀의 은혜가 우리의 가정 가운데 쏟아지기를 정말 간절히 축복합니다.

"여호와께서 시온에서 네게 복을 주실지어다"(시 128:5).

너는 평생에 예루살렘의 번영을 본다는 것입니다. 우리 모두에게 시온의 복이 흘러넘치기를 축복합니다. 시온의 복이 무엇인가요? 하나님의 임재가 있는 하나님의 성전을 의미합니다. 교회를 의미합니다.

말씀이 생생하게 흘러넘쳐 영혼에 쉼과 안식과 평안과 회복이 있고, 그 힘으로 가정을 살리고 직장을 살리고 이 땅을 살리고 열매 맺는 인생이 되기를 간절히 원합니다.

가정, 이렇게 섬기라

교회는 건강해야 합니다. 건강하지 않으면 성도들이 복을 누릴 수가 없고 은혜를 누릴 수가 없습니다. 모일 때마다 주님을 만나고, 은혜를 경험하고 새 힘을 얻기를 간절히 소원합니다.

그리스도의 몸 된 교회를 통해서 하나님의 거룩한 뜻이 아름답게 펼쳐질 수 있기를 간절히 원합니다.

많은 분이 교회를 이렇게 표현하고 있습니다. "인생의 방황은 하나님을 만나면 끝나고, 신앙의 방황은 좋은 교회를 만나면 끝난다." 이 고백이 우리의 고백이 되기를 원합니다.

칼빈은 이렇게 말합니다. "하나님이 우리 아버지라면 교회는 우리 어머니다."

어거스틴은 이렇게 말합니다. "교회를 어머니처럼 사랑할 수 없는 사람은 하나님을 아버지라고 부를 자격이 없다."

때로는 자녀에게 부모가 잘못할 수도 있겠지만, 그렇다고 부모를 버리겠습니까?

교회는 주님의 교회이고, 우리 교회입니다. 영적인 자부심을 가지고 하나님의 은혜를 누릴 수 있기를 원합니다.

어떤 분들은 천을 누리는 분들이 있고, 어떤 분들은 십밖에 못 누립니다. 왜냐하면, 예배 참석을 잘 못 하니 은혜를 못 누립니다. 제자훈련에 동참하지 못하니 제자훈련의 은혜를 못 누립니다. 목장에 참석하지 않으니 목장의 은혜를 못 누리는 것입니다. 봉사 자리에 동참하지 못하니 봉사의 은혜를 못 누리는 것입니다.

교회를 통해서 주시는 하나님의 은혜를 놓치지 말고 내 것으로 붙잡고 그 영광을 맛보며, 그 힘으로 여러분의 가정과 직장과 인생과 미래에 큰 축복이 있는 놀라운 역사가 있기를 간절히 축복합니다.

"내 자식의 자식을 볼지어다 이스라엘에게 평강이 있을지로다"(시 128:6).

여러분의 인생 가운데 자식의 자식을 보는 역사가 있기를 원합니다. 가문의 축복, 자녀의 축복, 이스라엘의 평강이 있기 원합니다. 우리가 다 잘 되는데 마음에 기쁨이 없다면, 마음에 평강이 없다면, 근심 걱정으로, 불면증으로 사로잡혀 있다면, 이 괴로움을 어떡하겠습니까?

하나님께서 여러분에게 평강 주시기를 원하십니다. 천국의 기쁨, 하늘의 기쁨, 샬롬의 은혜를 우리에게 주기를 원하십니다. 세상에서 얻을 수 없는, 세상이 줄 수 없는, 이 놀라운 샬롬의 역사가 우리 모두에게 임할 수 있기를 간절히 소원합니다.

하나님께서 세우신 두 기관이 있습니다. 하나는 가정이요, 하나는 교회입니다. 주님께서 가정과 교회를 얼마나 기뻐하시겠습니까? 얼마나 주목하고 계시겠습니까? 얼마나 복을 쏟아 주기 원하시겠습니까?

그런데 마귀가 이 두 기관을 노립니다. 마귀는 가정을 포기하지 않습니다. 여러분의 가정을 파괴하려고, 교회를 파괴하려고 덤빕니다. 정신을 차리고 어둠의 세력들이 가정에 틈타지 않도록, 성령께서 가정을 붙잡아 주시고 보호해 주시고 시온의 대로가 열어지는 축복이 있기를 바랍니다. 쓰임 받는 가정, 쓰임 받는 교회가 될 수 있기를 주님의 이름으로 간절히 축원합니다.

우리 주님 모신 가정

(찬송가 555장)

우리 주님 모신 가정 복되고도 복된 가정
괴로우나 즐거우나 주를 위해 살아가리
온 식구가 모여 앉아 즐겁게 찬송하니
지금까지 지내 온 것 주의 크신 은혜로다

주의 자녀 모여 앉아 주께 기도드리오니
가족들의 건강함과 화목함을 주옵소서
슬플 때에 위로함과 괴로울 때 평안함을
험한 세상 살아갈 때 환난에서 구하소서

주를 사모하는 가정 변치 않게 하옵시고
이 가정에 주의 은혜 넘쳐나게 하옵소서
사시사철 주의 사랑 강물같이 흘러넘쳐
따뜻하고 평화로운 보금자리 주옵소서

가정, 이렇게 섬기라

chapter
III

자녀, 이렇게 양육하라

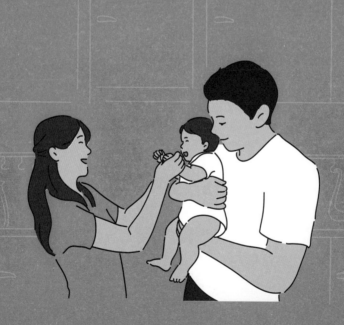

자녀, 이렇게 양육하라

"네 자녀에게 부지런히 가르치며 집에 앉았을 때에든지
길을 갈 때에든지 누워 있을 때에든지 일어날 때에든지
이 말씀을 강론할 것이며 너는 또 그것을 네 손목에 매어
기호를 삼으며 네 미간에 붙여 표로 삼고 또 네 집 문설주와
바깥 문에 기록할지니라"(신 6:7-9).

자녀에게 하나님의 말씀을 가르치라

신 6:4-9

어떤 아버지가 자녀들에게 한자를 가르치고 있었습니다. 아이가 한자를 읽는데 이렇게 읽습니다. "월, 화, 수, 목, 김, 토, 일." "아니야, 이것은 '김'이 아니라 '금'이라고 읽는 거야"라고 아버지가 이르자, 아들이 다시 읽기 시작합니다. "월, 화, 수, 목, 금, 사, 일." "밑이 길잖아. '사'자가 아니라 '토'자야"라고 하자 아들이 다시 읽습니다. "월, 화, 수, 목, 금, 토, 왈." 아버지가 너무 마음이 아파서 "다시 한자 공부를 해야겠다. 저기서 '왕편' 가지고 와라"고 했습니다.

다음 세대에게 무엇을 가르친다는 것은 그리 쉬운 일이 아닐 것입니다. 우리는 누군가에게 영향을 받고 삽니다. 부모에게 영향을 받고, 선생님들이나 주위에 있는 이웃들에게 영향을 받고 삽니다. 그뿐만 아니라 우리는 다른 사람에게도 영향을 끼치고 살아갑니다.

그 때문에 기성세대와 부모세대가 기준을 말씀으로 잡지 않으면 우리를 따라오는 수많은 다음 세대에게 악영향을 줄 수 있습니다. 우리가 바른 삶을 따라갈 때 우리의 자녀세대가 바르게 따라오는 역사가 일어날 수 있습니다.

지금 우리의 기성세대가 주님을 섬기는 것이 얼마나 아름답습니까! 하나님은 알파와 오메가 되시고, 처음과 나중 되시며, 영원한 분이시기에 하나님은 우리 세대를 통해서만 영광을 받으시는 것이 아니라 우리 자녀세대를 통해서, 다음 세대를 통해서도 영광을 받으셔야 할 줄로 믿습니다.

우리나라는 지금, 복음화율이 성인은 17%정도 됩니다. 그러나 다음 세대는 복음화율이 4%입니다. 우리나라 대학 청년들의 복음화율은 3.7%입니다. 교회의 60%가 교회학교가 없습니다. 정말 큰 일이고 위기입니다. 우리의 교회가 지금도 좋은 교회이지만 10년 후, 20년 후, 30년 후가 더 좋은 교회가 되기를 간절히 소원합니다. 필자는 평생 이런 구호를 외치고 살았습니다.

"주여, 다음 세대가 우리 세대보다 더 큰 부흥의 세대가 되게 하옵소서."
"하나님, 우리 세대의 은혜가 다음 세대에 축복으로 흘러가게 해 주시옵소서."

　선교와 전도에는 수평적인 것이 있고 수직적인 것이 있습니다. 수평적인 것은 국내외 할 것 없이 옆에 있는 사람들에게 복음을 전하는 것입니다. 해외에 나가서 언어와 문화가 다른 곳에서 복음을 전하는 것도 수평적인 전도, 선교라고 말을 합니다. 하지만 내 자녀들에게, 다음 세대들에게, 우리 후손들에게 복음을 물려주는 것은 수직적인 전도, 수직적인 선교입니다.

　사실 따지고 보면 우리의 다음 세대는 선교지입니다. 우리가 보통 언어와 문화가 다른 곳에서 복음을 전하는 것을 선교라고 말하지 않습니까? 우리의 다음 세대는 기성세대와 언어가 다릅니다. 쓰는 용어와 문화가 다릅니다.

　이스라엘 사람들이 가장 좋아하는 말씀이 무엇인지 아십니까? 본문 말씀인 신명기 6장입니다. 유대인들은 세계 인구의 0.25% 밖에 되지 않지만, 노벨상을 탄 사람 중에 25%가 될 정도로, 세계 각처에서 영향력 있는 리더로 세워지고 있습니다. 그 이유 중에 가장 중요한 것이 쉐마교육입니다. 신명기 6장 말씀을 이 사람들은 하루에 두 번씩 읽습니다. 이것을 다 외웁니다. 가장 좋아합니다.

　우리 가정들도 믿음의 유산을 물려주고 말씀으로 무장해서 위대한 신앙의 명문가를 이루기를 간절히 소원합니다.

　　　　　　　　　　　　자녀, 이렇게 양육하라

"이스라엘아 들으라 우리 하나님 여호와는 오직 유일한 여호와이시니"(신 6:4).

'들으라'는 말이 히브리어로 '쉐마'입니다. 들으라는 것입니다. 들으면 살고 듣지 않으면 죽는다는 것입니다. 이 메시지는 선택 사항이 아니라는 것입니다. 반드시 들으라는 것입니다. 여러분의 자녀들이 살기를 원한다면 반드시 들어야 할 이 메시지를 들려줄 수 있기를 바랍니다. 듣지 못하면 큰일 난다는 말입니다.

무엇을 들려주어야 합니까? 첫 번째는 여호와가 바로 오직 유일한 여호와란 메시지를 선포하라는 것입니다. 그냥 여러 신 중 하나의 신이 아니라 하나님만 유일한 신이십니다. 다른 신들은 전부 가짜입니다. 하나님만 스스로 존재하는 신이시며, 이 세상에 존재하는 다른 신들은 사람이 만든 것이기 때문에 다 가짜입니다.

우리를 창조하시고 우리를 구속하시고 우리 인간의 생사화복을 다스리시는 하나님만이 오직 유일한 하나님이라는 사실을 믿고 이것을 들려줄 수 있기를 축복합니다.

마가복음 12장에서 "예수께서 대답하시되 첫째는 이것이니 이스라엘아 들으라 주 곧 우리 하나님은 유일한 주시라"라고 하셨습니다.

가까운 일본만 해도 우상이 800만 개가 있습니다. 혹자는 기독

교가 편협하고, 독선이라고 하지만 이것은 절대 진리이기 때문에 타협할 수 없습니다.

진리는 하나입니다. 진리가 변한다면 진리가 아닙니다. 문화도 변합니다. 지식도 변합니다. 진리는 하나밖에 없습니다. 종교 다원주의는 진정한 종교는 하나가 아니라 여럿이라고 하고 모든 종교는 같다고 합니다. 그렇지 않습니다.

"예수께서 이르시되 내가 곧 길이요 진리요 생명이니 나로 말미암지 않고는 아버지께로 올 자가 없느니라"(요 14:6).

본문 5절 말씀에는 하나님을 사랑하라고 말합니다.

"너는 마음을 다하고 뜻을 다하고 힘을 다하여 내 하나님 여호와를 사랑하라"(신 6:5).

주님이 우리를 먼저 사랑하셨습니다. 그러므로 우리도 주님을 사랑해야 합니다. 어느 정도로 사랑하냐면 "마음을 다하고 뜻을 다하고 온 힘을 다하여서"사랑해야 합니다. 이 말씀을 들려주라는 것입니다. 타협하지 말라는 것입니다. 시대가 아무리 변해도 좋아하는 것이, 사랑하는 것이 아무리 많아도 유일하신 하나님만큼은 마음을 다하여 사랑하라고 말씀하십니다.

자녀, 이렇게 양육하라

부모는 자녀를 지식으로 사랑하지 않습니다. 자녀를 계산해서 사랑하지 않습니다. 마음으로 사랑합니다. 예수님도 마태복음 22장 36~40절에서 이렇게 말씀하십니다.

"선생님 율법 중에서 어느 계명이 크니이까 예수께서 이르시되 네 마음을 다하고 목숨을 다하고 뜻을 다하여 주 너의 하나님을 사랑하라 하셨으니 이것이 크고 첫째 되는 계명이요 둘째도 그와 같으니 네 이웃을 네 자신 같이 사랑하라 하셨으니 이 두 계명이 온 율법과 선지자의 강령이니라."

하나님을 사랑하라는 것입니다. 그리고 이웃을 사랑하라는 것입니다. 우리의 삶 전체를 통하여, 마음과 뜻과 온 힘을 다하여 주님을 사랑할 수 있기를 축복합니다.

목숨 걸고 사랑하는 것이 진짜 사랑입니다. 시간 있으면 사랑하고 시간 없으면 사랑하지 않는 것이 아니라, 나를 사랑하시고 나를 구원하신 하나님을 진심으로 사랑하는 것입니다.

이 세상에 사랑할 것이 얼마나 많습니까? 하지만 성경은 마음과 뜻과 힘을 다하여 주 너의 하나님을 사랑하라고 하십니다. 만약에 사랑하지 않으면 주님은 질투하신다고 말씀하십니다. "내가 너를 구원했는데, 내가 너를 사랑하는데, 너는 지금 다른 곳에 가서 기웃거리고 있니?"라고 하시며 질투하신다는 것입니다. 그 정도로 하나님께서 우리를 사랑하신다고 말씀하십니다.

삶의 모든 기준이 하나님의 말씀이 될 수 있기를 바랍니다. 세상 사람들은 자신을 사랑해야 한다고 합니다. 이 말은 굉장히 좋은 말 같습니다. 하지만 성경이 기준입니다. 성경은 나를 사랑하지 말라고 합니다. 하나님을 사랑하라고 합니다.

디모데후서 3장 1절에는 이렇게 말합니다

"너는 이것을 알라 말세에 고통하는 때가 이르러."

말세가 되면 엄청난 비극들이 일어납니다. 예를 들어 돈을 사랑하며, 교만하며, 비방하며, 부모를 거역하며, 감사하지 않는 엄청난 일들이 있습니다. 2~4절을 보면 말세에 이런 비참한 죄악의 뿌리가 바로 사람들이 자기를 사랑하기 때문이라고 합니다.

좋은 말에 속지 마세요. 좋은 말에 속지 마시고 하나님 말씀을 기준으로 삼을 수 있기를 축복합니다. 나를 사랑하기 때문에 돈을 사랑합니다. 나를 사랑하기 때문에 교만합니다. 나를 사랑하기 때문에 남을 비방합니다. 나를 사랑하기 때문에 부모를 거역합니다. 나를 사랑하기 때문에 감사하지 않습니다.

하나님의 말씀이 기준입니다. 3~5절을 보면 하나님이 주신 복을 더 사랑하면 안 됩니다. 그 복을 주신 하나님을 더 사랑해야 합니다.

"오늘 내가 네게 명하는 이 말씀을 너는 마음에 새기고"(신 6:7).

자녀들에게 부지런히 가르치기 전에 먼저 부모가 해야 할 일이 있다고 말합니다. "오늘 내가 네게 명하는 이 말씀을 너는 마음에 새기고." 여기서 '너는' 누구입니까? 바로 부모를 의미합니다. 기성세대를 의미합니다. 자녀를 가르치기 전에 먼저 해야 할 일이 있는데, 그것은 바로 부모가 하나님의 말씀을 먼저 마음 판에 새기고 모범을 보이라는 것입니다. 내가 주님을 사랑했더니 진짜 하나님께서 나를 도우셨다는 메시지를 전달하는 것입니다.

예배드릴 때 목사도 자신이 은혜받지 못한 메시지를 증거 하면 은혜가 흘러가지 않습니다. 목사가 먼저 말씀을 마음 판에 새기고 그 말씀을 선포할 때 역사가 일어나는 것입니다.

자녀들이 부모를 보면서 부모가 믿는 하나님을 나도 믿고 싶어 지도록 해야 합니다. 교회에서나 가정에서 항상 똑같은 얼굴로 부드럽게 말하는 역사가 있기를 축복합니다.

먼저 부모가 하나님 앞에 인격적으로 바로 서는 것이 더 중요합니다. 하나님 사랑 없는 부모의 자녀 교육은 그 자녀를 망칩니다. 자녀를 병들게 합니다.

자녀들은 다 죄인입니다. 우리 모두 죄인입니다. 그냥 놔두면 안 됩니다. 아이들을 망치는 방법은 아이들을 우상시하는 것입니다. 그러면 아이들은 망가집니다.

자녀가 하나, 둘밖에 안 되는 세대라 자녀가 원하는 모든 것을 다 해 줍니다. 그것이 나쁜 것은 아니지만 하나님 사랑 안에서 자녀들을 키우라는 것입니다. 하나님 없는 자녀 교육은 아이들을 멍들게 하고 병들게 합니다. 자녀가 우상이 되지 않기를 축복합니다.

하나님은 우상을 싫어합니다. 주님이 주신 것을 더 사랑하면 안 됩니다. 하나님을 더 사랑해야 합니다. 순서가 하나님입니다. 그리고 부부입니다. 그리고 자녀입니다. 자녀 사랑은 세 번째입니다. 순서를 잘 아셔야 합니다. 자녀들이 부모를 볼 때 부모가 얼마나 주님을 사랑하는지를 알아야 합니다.

아브라함이 100세 때 아이를 낳았습니다. 하나님이 은혜로 주신 선물입니다. 그 아들을 하나님이 지시하는 모리아 산에서 제물로 죽여서 바치라고 하십니다. 아브라함이 이삭을 끌고 갑니다. 제단을 쌓습니다. 그리고 이삭을 올려놓습니다. 칼을 듭니다. 죽이려고 합니다. 그때 하나님이 멈추라고 말합니다. 그때 이삭이 무엇을 느꼈을까요?

아버지가 하늘의 아버지 하나님께 얼마만큼 순종하고 사랑하는지를 느꼈을 것입니다. 그리고 하늘 아버지 하나님이 우리 아버지를 얼마나 사랑하는지를 느꼈을 것입니다. 더 나아가 이삭은 하나님이 나를 얼마나 사랑하는지, 내가 얼마나 하나님을 사랑하는지를 알 수 있는 좋은 기회가 되었을 것입니다. 신앙의 유산이 계승되는 축복의 현장이 된 것입니다.

말로 사랑하지 말고 행함으로 사랑하는 것입니다. 여러분의 자녀들은 여러분들이 진짜 그리스도인이 되기를 원합니다. 여러분이 가짜로 주님을 섬기면 아이들이 혼란스러워 합니다.

"교육은 어머니 무릎에서 시작되고, 아이들은 들은 대로 말을 한다"라고 합니다. 들은 대로 말하고, 본 대로 행한다는 것을 기억할 수 있기를 바랍니다. 부모가 자녀를 가르치기 전에 먼저 하나님 앞에서 인격적으로 주님을 만나야 하고, 주님을 사랑해야 한다는 것을 보게 됩니다. 기준이 하나님의 말씀입니다.

하나님은 우상을 싫어하십니다. 출애굽 할 때 열 가지 재앙이 모두 애굽 사람들이 섬기던 애굽의 신들입니다. 그 열 번째가 바로 장자의 죽음 아닙니까? 모든 사람은 아들을, 자녀들을, 다 우상으로 섬기고 있었습니다. 그것을 주님이 치신 것입니다.

"네 자녀에게 부지런히 가르치며 집에 앉았을 때 에든지 길을 갈 때 에든지 누워 있을 때 에든지 일어날 때 에든지 이 말씀을 강론할 것이며 너는 또 그것을 네 손목에 매어 기호를 삼으며 네 미간에 붙여 표로 삼고 또 네 집 문설주와 바깥 문에 기록할지니라"(신 6:7-9).

이 '부지런히'란 말은 반복적으로 가르치라는 말입니다. 칼날을 가는 것처럼 날카롭게 하라는 것입니다. 계속해서 가르치라는 말입니다. 그래서 집에 앉았을 때도, 길을 갈 때도, 누웠을 때도, 일어날 때도 부지런히 가르치란 말입니다.

여러분 대화의 중심은 무엇입니까? 아이들과 함께 여행을 다니거나 산책을 할 때 아름답게 창조된 하나님의 솜씨를 바라보며 하나님을 찬송하고 있습니까?

어머니들이 자녀들을 깨울 때 "얘들아 일어나"라고 하지 말고 찬송하며 깨우십시오. 기도로 아이들을 깨우십시오. 아이들을 재울 때도 기도하고 말씀으로 재우십시오. 공식적인 시간에도, 비공식적인 시간에도 하나님을 알 수 있도록 하라는 것입니다.

"그것을 손목에 매어 기호를 삼으며 미간에 붙여 표를 삼으라 또 네 집 문설주와 바깥 문에 기록하라"(신 6:8~9).

모든 생각 속에 하나님의 말씀으로 가득하게 하고 행하는 모든 일들 가운데 하나님의 말씀에 순종하면서 살아갈 것을 하나님께서 원하시고 있다는 것입니다.

여러분의 가정을 하나님을 예배하는 장소로, 하나님을 찬송하는 장소로 삼으라고 말씀하십니다. 아이들이 왔다 갔다 하면서 하나님 말씀을 보는 것입니다. 24시간 주님을 묵상하는 것입니다. 24시간 주님을 바라보라는 것입니다. 주 바라기가 되라는 것입니다. 그래서 우리의 인생 가운데, 자녀의 인생 가운데 하나님의 시각으로, 하나님의 가치로 인생을 살아가고, 하나님의 방법으로 생각하고, 하나님이 원하시는 모습으로 행동할 수 있기를 간절히 소원합니다.

어떤 어르신들은 성경을 읽으라고 하면 눈이 나빠서 힘들다고 하십니다. 눈이 나빠도 말씀을 들을 수 있습니다. 듣는 것은 불빛이 없어도 들을 수 있습니다. 나이가 들어도 들을 수 있습니다. 몸이 아파도 들을 수 있습니다. 누워 있어도 들을 수 있습니다. 들으라는 것입니다.

여러분은 무엇을 전해주시겠습니까? 하나님의 말씀입니다.

디모데후서 3장 15절입니다.

"또 어려서부터 성경을 알았나니 성경은 능히 너로 하여금 그리스도 예수 안에 있는 믿음으로 말미암아 구원에 이르는 지혜가 있게 하느니라."

디모데가 성경을 알았는데 '어려서부터'라는 원어는 5세 미만을 말합니다. 디모데는 어릴 때 성경을 본 게 아닙니다. 성경을 본 것이 아니라 디모데후서 1장을 보면 외조모 로이스와 어머니 유니게를 통해서 하나님의 말씀을 들었던 것입니다.

사랑하는 부모 여러분, 여러분의 자녀들에게 말씀을 들려주십시오. 계속 들려주십시오. 여러분은 노래를 어떻게 배웁니까? 노래를 그냥 여러 번 듣지 않습니까? 한 번 듣고 두 번 듣고 세 번 듣고 열 번 들으니 저절로 외워집니다. 우리 모두가 하나님 말씀을 잘 들려줄 수 있기를 간절히 소원합니다.

> "마땅히 행할 길을 아이에게 가르치라 그리하면 늙어도 그
> 것을 떠나지 아니하리라"(잠 22:6).

어릴 때 받은 은혜가 평생 함께합니다. 그래서 우리의 자녀들이 인생을 살아가면서 고난의 때도, 힘들 때도 어릴 때 배웠던 말씀이 힘이 되고 은혜가 되고 삶의 지표가 되기를 바랍니다.

주님을 사랑하는 것, 하나님 말씀을 가르치는 것을 무슨 일이 있어도 목숨을 걸고 하라는 것입니다. 그러면 하나님께서 여러분의 가정을 책임지신다고 말씀하십니다.

> "나를 사랑하고 나의 계명을 지키는 자에게는 천대까지 은
> 혜를 베푸느니라"(출 20:6).

하나님의 약속은 틀림없습니다. 하나님의 말씀은 확실합니다. 우리가 주님을 뜨겁게 사랑할 수만 있다면, 하나님의 말씀을 우리 안에 채울 수만 있다면, 하나님께서 여러분의 가정을 천대까

자녀, 이렇게 양육하라

지 은혜를 베푸시는 놀라운 축복이 있을 줄로 믿습니다.

우리 세대의 은혜가 다음 세대에게 축복으로 물려주는 역사가 나타날 수 있기를 축복합니다. 그리고 우리 세대 부흥의 역사가 중단되지 않고 다음 세대에 더 큰 부흥의 역사가 일어나기를 축복합니다.

이 세상의 최고의 복은 무엇입니까? 물질의 복도 명예의 복도 아닙니다. 성경에서 그렇게 강조하고 말씀하시는 복은 하나님께서 함께하는 '임마누엘'의 복입니다. 정말 하나님과 함께한다면 세상의 모든 것을 가진 사람이 될 것입니다.

임마누엘 축복이 없는 가정은 아무 것도 없는 것입니다. 사랑하는 자녀들에게 돈을 물려주지 말고, 내가 생명 바쳐 사랑하는 하나님을 전해 줄 수 있기를 축복합니다.

나의 사랑하는 책

(찬송가 199장)

나의 사랑하는 책 비록 해어졌으나 어머니의 무릎 위에 앉아서
재미있게 듣던 말 그때 일을 지금도 내가 잊지 않고 기억합니다

옛날 용맹스럽던 다니엘의 경험과 유대 임금 다윗왕의 역사와
주의 선지 엘리야 바람 타고 하늘에 올라가던 일을 기억합니다

예수 세상 계실 때 많은 고난당하고 십자가에 달려 죽임당한 일
어머니가 읽으며 눈물 많이 흘린 것 지금까지 내가 기억합니다

그때 일은 지나고 나의 눈에 환하오 어머니의 말씀 기억하면서
나도 시시때때로 성경말씀 읽으며 주의 뜻을 따라 살려 합니다

〈후렴〉
귀하고 귀하다 우리 어머니가 들려주시던
재미있게 듣던 말 이 책 중에 있으니 이 성경 심히 사랑합니다

자녀, 이렇게 양육하라

믿음의 부모가 자녀를 살린다

출 2:1-10

이 세상에서 가장 힘들고 어려운 것 중의 하나는 자녀들을 잘 세우는 일입니다. 자녀들이 정말 아름답게 세워지기를 바라고 원하지만 잘되지 않는 모습들을 우리의 삶 속에서 많이 경험합니다.

저와 여러분들의 삶 가운데, 믿음의 어머니 요게벳의 아름다운 모습들을 잘 본받아서 이 땅 가운데 승리하고 여러분을 통해 여러분의 가문이 빛나는 역사가 있기를 간절히 소망합니다

"아므람의 처의 이름은 요게벳이니 레위의 딸이요 애굽에서 레위에게서 난 자라 그가 아므람에게서 아론과 모세와 그의 누이 미리암을 낳았고"(민 26:59).

"이 사람 모세는 온유함이 지면의 모든 사람보다 더하더라" 온유

한 사람, 광야목회 40년 동안 불평 많았던 2백만 명을 가나안으로 잘 인도했던 사람, 모세의 가족들이 본문에 나오고 있습니다. 모세의 아버지 이름은 아므람, 어머니 이름은 요게벳, 누이 이름은 미리암, 형의 이름은 아론이라고 성경은 기록하고 있습니다.

요셉의 가족들 70명이 애굽 땅에 내려갔는데, 400년이 지난 후 인구가 엄청나게 늘어났습니다. 그래서 애굽 왕이 위기를 느낍니다. '어, 저들이 너무 많아져서 데모를 일으키면 큰일 나겠다'라고 생각한 것입니다.

그래서 "첫 번째는 이스라엘 사람들에게 일을 많이 시켜라. 두 번째는 만약에 아들이 태어나면 죽여 버려라. 세 번째는 아들을 낳으면 나일강에 던져 죽여 버려라"라는 명령을 내리게 됩니다. 이런 분위기 속에 아므람과 요게벳이 결혼을 해서 아기를 낳았습니다.

그런데 아기가 얼마나 예뻤던지, 그의 잘생긴 것을 보고 사도행전 7장 20절에서 이렇게 말하고 있습니다. "그 때에 모세가 났는데 하나님 보시기에 아름다운지라 그의 아버지의 집에서 석 달 동안 길리더니."

"하나님 보시기에 아름다운지라." 필자도 이 사도행전 7장 말씀을 묵상해서 둘째 딸의 이름을 '아름'이라고 지었습니다. 사람 보기에 예쁜 것이 아니라 하나님 보시기에 아름답다고 하셨습니다. 이 '아름답다'는 단어가 히브리어로 '토브'입니다. 영어로는 굿(Good), '좋았더라, 선하다, 아름답다, 너무 귀하다'라는 의미입니다.

자녀, 이렇게 양육하라

모세의 부모는 모세를 낳았을 때 하나님의 아름다운 뜻이 이 아이를 통해서 펼쳐질 것이라는 기대가 있었습니다. 그것이 바로 어머니의 믿음입니다.

필자는 여러분들이 사람을 바라볼 때 저 사람이 몇 살이지? 무슨 일을 하지? 겉모습으로 보는 것이 아니라 하나님의 시각으로, 성경적인 가치관으로 사람을 볼 수 있기를 간절히 소망합니다.

'토브'라는 단어는 창세기 천지창조에서 제일 먼저 나옵니다. 하나님께서 빛을 만드시고 "하나님 보시기에 좋았더라"라고 했는데, 그 '좋았더라'가 바로 '토브'입니다.

이 모든 천지 만물을 창조하시고 토브하신 하나님의 시각으로 요게벳은 자녀를 두었습니다. '하나님께서 이 아이를 내게 주신 이유가 있을 텐데, 이 아이를 주께서 쓰실 텐데'라는 마음으로 기대하고 나갔더니 정말 아이가 하나님의 사람으로 아름답게 세워지는 것을 보게 된 것입니다.

서로가 하나님의 시각으로 축복하고, 하나님의 시각으로 바라볼 때, 여러분의 인생은 존귀한 인생이며, 하나님의 위대한 일을 행하는 거룩한 백성임이 틀림없는 줄로 믿습니다.

내가 사랑받기 위해 태어난 사람처럼, 내가 정말 존귀한 사람인 것처럼, 우리 주위에 있는 사람들이 모두 아름다운 사람으로, 겉모습이 아름다운 것이 아니라 하나님이 보시기에 존귀한 자로 여길 수 있기를 간절히 소망합니다.

아들이 태어났습니다. 그럼 이제 나일강에 던져야 합니다. 아니면 죽여야 합니다. 어떤 부모가 자녀를 죽이겠습니까? 죽일 수가 없습니다. 그래서 기도하는 가운데, 하나님께서 요게벳에게 지혜를 주셨습니다.

나일강 주변에는 갈대들이 많이 있습니다. 갈대로 종이를 만들어 거기에다 글씨를 새기기도 하고, 배를 만드는 재료로도 사용됩니다. 기도하는 가운데, 나일강을 바라보고 저주의 우상들을 섬기는 나일강을 보면서 더는 숨길 수가 없어서 하나님의 지혜로 갈대 상자를 만들게 됩니다.

갈대 상자에 아이를 눕히고, 뚜껑을 덮고, 거기다 역청과 나뭇진을 칠하고, 갈대 상자를 나일강 갈대 사이에 두었습니다. 갈대 상자가 아이를 보호하는 것입니다.

우리의 사랑이, 우리의 기도가, 우리의 축복이 갈대 상자가 될 수 있기를 축복합니다. 세상이 주는 유혹이 우리의 인생에 접근하지 못하도록, 생명 싸개로, 온전히 갈대 상자로, 우리를 보호할 수 있는, 그리고 우리의 자녀들과 수많은 백성에게 갈대 상자가 되기 원합니다.

나의 기도가, 나의 축복이, 나의 섬김이 갈대 상자가 되어, 우리의 자녀들이 견고하게 보호받고 세워지는 역사가 있기를 소원합니다. 내가 갈대 상자가 되면 됩니다. 그래서 나 때문에 다른

자녀, 이렇게 양육하라

모든 사람이 복을 받는 것입니다.

왜 자녀들이 방황할까요? 내가 갈대 상자가 되지 못하기 때문입니다. 왜 우리 공동체가 힘을 얻지 못할까요? 내가 갈대 상자가 되지 못하기 때문입니다.

어머니 요게벳은 나약해 보이지만 그녀의 강력한 믿음의 표현이 바로 갈대 상자입니다.

"하나님, 이 아이를 버릴 수 없지 않습니까? 하나님, 이 아이를 향한 놀라운 계획이 있음을 내가 아는데, 주여 어떻게 하오리이까?"

그냥 던진 것이 아닙니다. 그냥 포기한 것이 아닙니다. 갈대 사이에 갈대 상자를 두고 미리암을 대기시키고 주님 앞에 기도하면서 맡기고 나갔던 것입니다.

갈대 상자는 히브리어로 '테바'라고 합니다. 그런데 이 갈대 상자와 똑같은 단어가 바로 노아의 '방주'입니다. 작은 테바 갈대 상자, 큰 테바 노아의 방주, 똑같습니다. 다른 건 하나도 없습니다. 규모는 다르지만 똑같은 특징과 똑같은 원리를 가지고 있습니다.

"너는 고페르 나무로 너를 위하여 방주를 만들되 그 안에 칸들을 막고 역청을 그 안팎에 칠하라"(창 6:14).

갈대 상자의 특징은 운전대가 없습니다. 키가 없습니다. 돛대가 없습니다. 아무 것도 없습니다. 브레이크도 페달도 액셀러레이터도 없습니다. 맡긴다는 것은 포기한 채 넋 놓고 하나님이 알아서 하시라는 것이 아닙니다.

맡긴다는 것은 하나님께서 하실 것을 강력하게 믿는 것입니다. 맡긴다는 것은 포기하는 것이 아니라 하나님께서 책임져 주시도록, 하나님께서 도와주시도록, 하나님께서 역사해 주시도록, 간절히 바라는 것입니다.

내가 키를 잡고, 내가 조종하고, 내가 갈대상자로 이 아이를 축복하고 마음대로 움직이면 한계가 있습니다. "주님이 하십시오. 주님이 은혜를 베풀어 주십시오"라고 하며 맡겨드릴 때 하나님께서 우리 인생을 아름답게 열어주실 줄로 믿습니다.

"바로의 딸이 목욕하러 나일 강으로 내려오고 시녀들은 나일 강 가를 거닐 때에 그가 갈대 사이의 상자를 보고 시녀를 보내어 가져다가 열고 그 아기를 보니 아기가 우는지라 그가 그를 불쌍히 여겨 이르되 이는 히브리 사람의 아기로다"(출 2:5-6).

공주가 목욕할 때가 없겠습니까? 바로의 딸인데, 얼마나 깨끗하고 얼마나 좋은 공간이 많겠습니까? 그런데 그녀가 나일강가

자녀, 이렇게 양육하라

로 내려와서 목욕을 합니다. 이 모든 것은 우연이 아니라 하나님의 역사와 섭리입니다. 이걸 믿고 나가는 것입니다. 이제부터는 계속 기적만 일어납니다. 놀라운 일들만 일어납니다. 주 앞에 맡기고 나갔더니 주께서 일하시는데 얼마나 감사하고 얼마나 귀한지요!

'그를 불쌍히 여겨'(출 2:6).

히브리 남자아기면 죽여야 합니다. 자기 아버지의 명령입니다. 그런데 아기를 보고 불쌍히 여긴다는 이 말이 얼마나 아름답습니까?

불쌍히 여기는 것은 예수님의 마음입니다. 저와 여러분이 불쌍히 여기는 마음, 긍휼히 여기는 마음이 차고 넘칠 수 있기를 축복합니다.

우리가 가져야 할 정말 중요한 마음은 뭐가 옳으냐 틀렸나 따지고 비판하고 불평하는 마음이 아니라 불쌍히 여기는 마음입니다. 이 세상에 완벽한 교회, 완벽한 사람은 하나도 없습니다. 불쌍히 여기는 마음으로 살아갈 수 있기를 축복합니다

필자도 목회를 하면서 불쌍히 여김을 받고 목회를 하는 것을 많이 느낍니다. 그거 아니면 할 수 있을까요? 필자가 어떻게 완벽

하게 잘할 수 있겠습니까? 불쌍한 마음, 사랑이 충만한 마음이 있을 때 피차간에 하나 되는 역사가 있게 되는 것을 봅니다.

> "바로의 딸이 그에게 이르되 이 아기를 데려다가 나를 위하여 젖을 먹이라 내가 그 삯을 주리라 여인이 아기를 데려다가 젖을 먹이더니"(출 2:9),

이게 웬일입니까? 그 아기를 죽여야 하는 데 죽이지 않고 불쌍히 여기는 마음을 하나님께서 주셨습니다. 이 아이를 내가 키워야겠다는 마음을 갖게 됩니다. 그러자 어떤 아이가 막 뛰어와 말합니다. "공주님, 내가 이 아이를 위한 유모를 불러올까요?" 공주 말 한마디면 애굽 왕궁에 유모가 줄을 섭니다. 그런데 데리고 오라는 것입니다. 미리암은 자기 어머니를 모시고 옵니다. 어머니가 3달 동안 긴장 속에서 모세를 키워왔습니다. 이제는 왕궁에서 자기 자식을 직접 키울 수 있고, 젖을 먹일 수 있고, 게다가 돈까지 받을 수 있는 기적이 일어난 것입니다

하나님이 하시면 됩니다. 하나님이 하시면 못할 일이 없습니다. 젖을 먹이는 동안 무엇을 가르쳤을까요? 3~4년 기간 동안 가르치면서 아이가 알아듣든지 못 알아듣든지 "넌 하나님의 사람이야. 넌 하나님의 아름다운 계획을 위하여 태어난 사람이야. 넌 히브리 사람이야. 넌 이 백성을 구원할 사람이야"라고 계속 축복

한 것입니다.

> "그 아기가 자라매 바로의 딸에게로 데려가니 그가 그의 아들이 되니라 그가 그의 이름을 모세라 하여 이르되 이는 내가 그를 물에서 건져내었음이라 하였더라."(출 2:10).

'모세', 물에서 건졌다라는 뜻입니다. 나중에 모세가 이스라엘 백성들을 구원하는 축복의 리더가 되었습니다. 상처가 있고, 아픔이 있고, 역경이 있고, 너무너무 힘든 것들이 있지만, 포기하지 않고 주 앞에 맡겼더니, 수많은 백성을 구원하는 큰 일꾼이 된 것입니다. 때로는 우리 인생에 아픔이 있는데, 그 아픔을 주님이 쓰신다는 것입니다. 그 고통을 쓰신다는 것입니다. 이 모든 것은 다 우연이 아니라 하나님의 섭리인 줄로 믿습니다.

어떤 서커스에서 아버지가 아들을 올리고 던지고 굴리면서 공연을 합니다. 겉으로 볼 때는 편안한 것 같고 자유로운 것 같지만, 이 아들은 아버지가 절대 자기를 놓치지 않을 것이라는 믿음과 신뢰가 있기 때문에 맡기고 공연에 임하는 것입니다.

사랑하는 여러분, 저와 여러분이 하나님께 맡기고 나갈 때 하나님께서 우리의 인생을 아름답게 열어줄 줄로 믿습니다.

요게벳, 너무 귀하지 않습니까? 그 이름의 뜻을 보면, 야흐+카보드의 합성어입니다. '야흐'는 하나님, '카보드'는 거룩, 영광입니다. 요게벳의 뜻은 '하나님의 영광'입니다.

"네가 이것을 믿으면 하나님의 영광을 보리라." 주님이 일하실 것을 믿고, 주님이 역사하실 것을 믿고 나가는 우리의 아름다운 섬김을 통해서 하나님의 역사가 나타나고, 주님의 영광을 보는 역사가 있기를 간절히 축복합니다.

이 시대의 모든 여성이, 요게벳처럼 모세를 키워내는 위대한 기도의 어머니가 될 수 있기를 축복합니다. 믿음의 어머니가 될 수 있기를 축복합니다.

"믿음으로 모세는 장성하여 바로의 공주의 아들이라 칭함 받기를 거절하고"(히 11:24).

이렇게 믿음으로 살고, 애굽의 영광과 부귀와 명예를 거절할 줄 알고, 하나님을 위해서 위대한 사역을 펼칠 줄 아는 믿음의 근거는 어머니의 사랑과 희생과 기도와 눈물입니다.

그 눈물이 있었기에 자녀가 하나님의 영적 거장으로 세워지는 놀라운 축복이 있었다는 것입니다.

하나님의 은혜가 여러분 모두에게 넘쳐날 수 있기를 축복합니다.

자녀, 이렇게 양육하라

요게벳의 노래

엄평안

작은 갈대 상자 물이 새지 않도록
역청과 나무 진을 칠하네
어떤 맘이었을까
그녀의 두 눈엔 눈물이 흐르고 흘러

동그란 눈으로 엄마를 보고 있는
아이와 입을 맞추고
상자를 덮고 강가에 띄우며
간절히 기도했겠지

정처 없이 강물에 흔들 흔들
흘러 내려가는 그 상자를 보며
눈을 감아도 보이는 아이와
눈을 맞추며 주저 앉아 눈물을 흘렸겠지

너의 삶의 참 주인 너의 참 부모이신
하나님 그 손에 너의 삶을 맡긴다

너의 삶의 참 주인 너를 이끄시는 주
하나님 그 손에 너의 삶을 드린다

어떤 맘이었을까

그녀의 두 눈엔 눈물이 흐르고 흘러

정처 없이 강물에 흔들 흔들

흘러 내려가는 그 상자를 보며

눈을 감아도 보이는 아이와

눈을 맞추며 주저 앉아 눈물을 흘렸겠지

너의 삶의 참 주인 너의 참 부모이신

하나님 그 손에 너의 삶을 맡긴다

너의 삶의 참 주인 너를 이끄시는 주

하나님 그 손에 너의 삶을 드린다

그가 널 구원하시리 그가 널 이끄시리라

그가 널 사용하시리 그가 너를 인도하시리

너의 삶의 참 주인 너의 삶의 참 주인

너의 참 부모이신 하나님 그 손에 너의 삶을 맡긴다

너의 삶의 참 주인 너를 이끄시는 주

하나님 그 손에 너의 삶을 드린다

자녀, 이렇게 양육하라

너의 삶의 참 주인 너의 참 부모이신
하나님 그 손에 너의 삶을 맡긴다

너의 삶의 참 주인 너를 이끄시는 주
하나님 그 손에 너의 삶을 드린다

어떤 맘이었을까
그녀의 두 눈엔 눈물이 흐르고 흘러

자녀에게 꼭 부탁하고 싶은 말

왕상 2:1-4

열왕기상 2장에는 다윗이 나이가 점점 많아지면서 죽을 때를 알게 되어, 아들 솔로몬에게 마지막 유언을 선포하는 아름다운 이야기가 있습니다.

"다윗이 죽을 날이 임박하매 그의 아들 솔로몬에게 명령하여 이르되"(왕상 2:1).

다윗이 이제 죽을 날이 임박한 것을 압니다. 이것은 굉장히 중요합니다. 왕임에도 불구하고, 권세를 누렸음에도 불구하고, 죽을 때가 됐다는 것을 알고 있는 다윗, 그래서 그의 아들 솔로몬에게 마지막으로 명령하고 선포하고 권면하는 것입니다.

"내가 이제 세상 모든 사람이 가는 길로 가게 되었노니"

(왕상 2:2).

　지금까지는 명예와 권세와 부유를 누렸던 다윗이 이제 세상의 모든 사람이 가는 길을 간다는 것입니다. 죽음 앞에서는 모두가 다 공평합니다. 왕이든 종이든, 부유한 사람이든, 가난한 사람이든, 지식이 있든 없든, 빈부귀천을 막론하고 다 죽음을 직면하게 됩니다.

　죽음은 피할 수가 없습니다. 피할 수 없다면 죽음을 잘 준비해야 합니다. 잘 준비하면 두려워하지 않고 희망과 소망을 얻을 수 있습니다. 죽음을 아는 사람은 교만할 수 없고, 자기가 왕이라도 하나님만이 참된 왕이라는 사실을 인정하게 됩니다. 사랑하는 자녀, 자손들에게 놀라운 축복의 기회도 가질 수 있습니다. 얼마나 귀합니까!

　죽음을 다윗은 지금 받아들이고 있습니다. 죽기 싫다고 발버둥을 치며 두려워 떨고 살려달라고 비참하게 굴지 않고, 죽음을 담담하게 받아들이고 있는 모습이 아름다워 보입니다.

　솔로몬의 아버지가 다윗입니다. 우리 육신의 아버지는 영원하지 않습니다. 우리와 영원히 함께할 수도 없습니다. 하지만 전능하신, 영원하신 하나님은 우리와 영원토록 함께하시는 분이십니다.

　다윗 같은 사람이 흔하지 않습니다. 이스라엘 사람들이 제일 좋아하는 다윗입니다. 시인입니다. 음악가입니다. 악신이 떠나 갈 정도로 신령한 연주와 찬양을 하지 않았습니까! 왕으로 해야 할 역할을 잘 감당하고, 전쟁에서 늘 승리한 멋지고 아름다운 다 윗입니다. 그런 그도 죽음 앞에서는 평생 자기가 잘한 일, 못한 일, 실수하고 넘어진 일들이 얼마나 많이 떠올랐겠습니까?

> "내가 이제 세상 모든 사람이 가는 길로 가게 되었노니 너는 힘써 대장부가 되고 네 하나님 여호와의 명령을 지켜 그 길 로 행하여 그 법률과 계명과 율례와 증거를 모세의 율법에 기록된 대로 지키라 그리하면 네가 무엇을 하든지 어디로 가 든지 형통할지라 여호와께서 내 일에 대하여 말씀하시기를 만일 네 자손들이 그들의 길을 삼가 마음을 다하고 성품을 다하여 진실히 내 앞에서 행하면 이스라엘 왕위에 오를 사람 이 네게서 끊어지지 아니하리라 하신 말씀을 확실히 이루게 하시리라"(왕상 2:2-4).

"솔로몬, 내가 죽을 때가 됐다. 왕도 죽는다. 너도 나중에 죽을 거야. 준비해야 한단다." 뭐 이런 얘기 아니겠어요? 하고 싶은 얘 기가 얼마나 많이 있겠습니까?

70 평생을 살아오면서 넘어지고, 또 은혜를 누렸던 것 중에 엑 기스만 모아 지금 선포하는 것입니다. 유언을 농담처럼 말하지는

자녀, 이렇게 양육하라

않습니다. 다윗이 일평생 동안 중요하게 여겼던 메시지를 아들에게 전해준다면, 이 중요한 메시지는 오늘 우리에게도 축복의 말씀이 될 줄 믿습니다. 그 말씀 붙잡고 살아가면 정말 흔들리지 않고, 딴 길로 가지 않고, 인생을 믿음으로 잘살게 될 것입니다.

그 첫 번째가 "너는 힘써 대장부가 되고"입니다. 다윗이 유언할 때 솔로몬은 20살 정도 됐을 것입니다. 아직 어린 솔로몬이 왕이 된다고 생각해 보십시오. 아버지가 계시면 괜찮겠지만 이제 아버지 다윗은 곧 죽습니다. 다윗이 옆에 없습니다. 그런 상황에서 솔로몬에게 정말 필요한 메시지는 '힘써 대장부가 되는' 것입니다.

하나님이 너의 아버지라는 것입니다. 하나님이 도우신다는 것입니다. 아버지 다윗이 더는 도와줄 수가 없다는 것입니다. 이제 너에게 무엇을 가르쳐주고, 지도해 주고 할 수 없다는 것입니다.

3절, "네 하나님 여호와의 명령을 지켜."

'네 하나님' 그러니까 다윗의 하나님이 아니라 지금 '너의 하나님'이라고 말하는 것입니다. 너의 하나님, 아버지를 붙잡으라는 것입니다.

이 땅의 아버지는 영원토록 도와줄 수가 없습니다. 아무리 돈이 많은 아버지라도, 아무리 똑똑한 아버지라도 자식에게 다 해줄 수가 없는 연약한 존재입니다. 그 사랑은 영원하지가 않습니다. 중단될 수밖에 없고, 또 편애할 수밖에 없고, 자녀가 원하는 사랑을 못 줍니다.

진짜 지혜는 하나님께 있습니다. 하나님을 아버지로 삼아 하나님과 함께 용감하고 담대하게 믿음으로 설 것을 말해주고 있습니다. 주님께 붙어있으라는 것입니다. 주님 안에 거하라는 것입니다. 대장부가 되라는 것입니다.

아버지를 잃은 아들입니다. 아버지와 헤어져야 합니다. 이제 20밖에 안된 솔로몬이 왕이 되었으니, 이 왕이 쉽겠습니까? 30살 때 돼서 40년을 통치했던 다윗이면 괜찮습니다.

아도니아가 반란을 일으켰잖습니까? 지금 그게 바로 수습이 딱 됐습니다. 그리고 이 솔로몬 옆엔 요압이란 사람이 있습니다. 요압이 보통 사람이 아닙니다. 능력은 많지만, 말을 잘 안 듣습니다. 자기 마음대로 하는 사람입니다. 그 사람이 지금 다윗이 죽으면 솔로몬 옆에 있습니다. 왕이 된 솔로몬의 뜻이 아닌 요압 뜻대로 가면 안 되지 않습니까?

지금 상황에서 가장 필요한 것은 "너는 하나님과 함께해라. 너는 용감해야 한다. 너는 힘써 대장부가 되어야 한다"라고 말하는 것입니다.

온 백성들이 "솔로몬을 왕으로 모시겠습니다"라고 해서 된 것이 아닙니다. 반 이상이 반란을 일으켰다가 그냥 좀 잠재우는 시점에서 다윗이 솔로몬을 임명한 거 아닙니까?

자녀, 이렇게 양육하라

또다시 아도니아가 반란을 일으킬 수도 있습니다. 실제 반란을 시도하다 실패합니다. 또 다른 누가 반역을 일으킬지도 모르는 상황입니다. 20살 어린 나이에 전체 이스라엘 통일왕국을 다스린다는 것은 쉬운 일이 아닙니다. 그런데도 "하나님이 너를 세웠다면 너는 하나님께서 붙잡아 주실 것이고 역사해 주실 것이라는 확신을 가지고 믿음으로 담대하게 나가라"고 촉구하고 있는 입니다.

솔로몬의 마음이 얼마나 불안하고 두려울까요? 이런 문제 저런 문제, 가정의 문제, 마음의 문제, 심리적 문제, 나라 문제, 다른 나라가 침략해 들어오는 문제, 전쟁의 경험도 없는 솔로몬입니다. 솔로몬은 정말 부잣집 도련님 같은 사람입니다. 다윗처럼 야성이 있는 사람이 아닙니다.

우리의 인생 가운데 외롭고 두려운 일들이 얼마나 많습니까? 자신 없고, 두려워 떨고 있고, 용감하지 못한 거 때문에 너무 비겁하게 인생을 살아가는 경우가 얼마나 많이 있습니까? 주님께서 힘써 대장부가 되라고 촉구하십니다. 주님께 붙어있고, 주님과 함께 있고, 주님 원하시는 대로 살아가는 것이 담대한 것입니다.

아무리 다양한 지식이 있어도, 우리가 그 지식대로 다 행합니까? 아닙니다. 담대함이 있어야 행할 수 있습니다. 용기가 있어야 행할 수 있습니다. 지식을 아무리 배우고 들어도 용기가 없으면 그렇게 못 삽니다. 지식이 우리 안에 들어와서 이 말씀대로 내가 살아야 하겠다고 결단하고 나가려면 용기가 있어야 합니다.

용기가 있어야 "난 말씀대로 산다. 난 예수님 뜻대로 산다. 내가 학교에서 왕따를 당해도 난 믿음의 사람이야. 난 교회 다니는 사람이야"라고 말할 수 있습니다. "야, 너 교회 다녀? 아니 지금도 교회를 다니는 애들이 있어?" 요즘에 이런 이야기를 듣는 친구들이 많이 있답니다. 담대함이 없으면 "다니긴 다니는데 가끔 다녀. 내가 아니라 우리 엄마가 다녀"라는 비겁한 말을 하게 됩니다.

용기가 없으면 똑바로 못 삽니다. 그러나 예수님을 진심으로 마음에 모시고 그 안에 참된 자유와 기쁨과 평강을 누리고, 주님 나와 함께 한다는 그 믿음을 갖고 나간다면 담대할 수 있습니다.

대장부가 안 되면 안 됩니다. 우리가 하나님 앞에 예배하고 기도하면서 정말 하나님의 사람으로 훈련을 잘 받으면 조금씩 주님 앞에 아름답게 세워지는 역사가 있을 줄로 믿습니다.

필자도 그랬습니다. 말도 잘 못 하고, 비겁하고, 수줍음도 있고, 얼굴도 빨개지고... 저와 같은 분들이 많이 있을 것입니다. 하지만 훈련을 통해서 주 앞에서 준비되고, 하나님이 붙잡아 주시고, 기도하고 나갈 때 믿음의 대장부가 될 수 있습니다.

고린도전서 16장 13절은 이렇게 말합니다.

자녀, 이렇게 양육하라

"깨어 믿음에 굳게 서서 남자답게 강건하라."

부탁하는 것이 아닙니다. "믿음에 굳게 서라. 깨어있고 믿음에 굳게 서서 남자답게 강건하라"라고 말하는 것입니다. 강건한 모습으로 주님 앞에 온전히 세워지기를 바랍니다. 주님 기뻐하시는 뜻대로 살지 못하고 욕심대로 인생을 살아가는 것은 다 비겁한 졸장부입니다.

세상에서, 여러분의 일터에서, 불신자들 속에서 믿음으로 말하고, 믿음으로 결정하고, 믿음을 말할 수 있다는 것이 만만치 않을 것입니다. 사랑하는 여러분이 세상의 대장부가 아니라 믿음의 대장부가 되기를 축복합니다.

모세와 여호수아를 봅시다. 이 모세가 보통 사람입니까? 40년 동안 광야에서 그 많은 백성을 인도한 사람입니다. 40년 동안 목말라서 죽은 사람 없고, 배고파서 죽은 사람 없고, 더워서 죽음 사람 없고, 추워서 죽은 사람이 없었습니다. 모세를 통해서 하나님의 큰 역사가 일어났습니다. 그런데 모세가 죽습니다. 이제 여호수아가 대를 잇게 됩니다. 얼마나 두렵고 떨리겠습니까? 그 때 모세가 여호수아에게 이렇게 말합니다.

"모세가 여호수아를 불러 온 이스라엘의 목전에서 그에게

이르되 너는 강하고 담대하라 너는 이 백성을 거느리고 여
호와께서 그들의 조상에게 주리라고 맹세하신 땅에 들어가
서 그들에게 그 땅을 차지하게 하라"(신 31:7).

두려워하면 아무것도 못합니다. 두려우면 말도 똑바로 못합니
다. 내 지식을 남에게 전달할 수 없습니다. '저 사람 나보다 많이
배웠는데 내 말을 들을까? 저 사람 나보다 더 잘 사는데, 나보다
더 바르게 사는데, 깨끗하게 사는데, 양심적으로 사는데, 내가 말
을 하면 들을까?'라는 생각에 사로잡혀 아무 것도 제대로 못 하게
됩니다.

두려움을 몰아내야 합니다. 주께서 "강하고 담대하라. 힘내라.
용기를 내라"라고 말씀하시며 우리를 붙잡아 주십니다.

다윗은 어릴 때부터 대장부로 살았습니다. 주님이 함께하는 것
을 알고 곰이나 늑대를 무서워하지 않았습니다. 그러니까 골리앗
이 딱 나타나도, 이스라엘의 사울 왕부터 전 군인이 다 떨고 있어
도, 10대 소년 다윗에게는 두려움이 없었습니다. "너는 칼과 창
으로 나오지만 나는 만군의 여호와의 이름으로 네게 나아가노라"
라고 선포하고 싸워서 승리하였습니다.

연말 시상식 때, 연예인들이 수상 소감을 합니다. "저에게 이
상을 주신 우리 하나님께 영광을 올립니다"라고 말하는 크리스천
수상자가 있는데, 이 말 하기가 쉬운 것이 아닙니다. 예수 믿는다

자녀, 이렇게 양육하라

고 다 이렇게 말하지 않습니다. 확실한 믿음에 서 있는 사람만, 용기 있는 사람만 할 수 있습니다. 떳떳하게 예수 믿는 사람이란 걸 못 밝히는 사람이 너무 많습니다. 강하고 담대함은 주님이 나와 함께하실 때만 가능합니다.

"두려워하지 말라"라는 말씀이 나올 때마다 "주님이 함께하신다"라는 메시지가 따라붙습니다.

"내가 사망의 음침한 골짜기로 다닐지라도 해를 두려워하지 않을 것은 주께서 나와 함께 하심이라 주의 지팡이와 막대기가 나를 안위하시나이다"(시 23:4)

"천만인이 나를 에워싸 진 친다 하여도 나는 두려워하지 아니하리이다"(시 3:6).

"내가 네게 명령한 것이 아니냐 강하고 담대하라 두려워하지 말며 놀라지 말라 네가 어디로 가든지 네 하나님 여호와가 너와 함께 하느니라 하시니라"(수 1:9).

'임마누엘' 신앙이 있을 때 담대할 수 있습니다. 주님 나와 함께 한다는 사실을 믿으니까 대장부로서 흔들리지 않고 두려워하지 않고 당당하게 주님 앞에 살아갈 수가 있는 것입니다.

"내가 여호와를 항상 내 앞에 모심이여 그가 나의 오른쪽에 계시므로 내가 흔들리지 아니하리로다"(시 16:8).

주님만 바라보기를 축복합니다. 이것이 신앙인입니다. 주님을 바라볼 때, 주님 안에 거할 때, 주님의 도우심 가운데 거할 때 대장부가 되고 두렵지 않고 믿음으로 승리할 줄로 믿습니다.

부모들의 자녀들을 향한 기도 제목 50%가 용감과 담대함에 관한 것입니다. 하나님이 우리와 함께하시면 우리 자녀들이 담대할 수 있습니다. 필자는 여러분들이 이 말씀을 자녀들에게 계속해서 심어줄 수 있기를 축복합니다.

"네 하나님 여호와의 명령을 지켜 그 길로 행하여 그 법률과 계명과 율례와 증거를 모세의 율법에 기록된 대로 지키라 그리하면 네가 무엇을 하든지 어디로 가든지 형통할지라"(왕상 2:3).

주님이 함께하셔서서 우리 인생을 책임져 주신다는 것입니다. 이말씀을 꼭 기억해서 자손들에게 전할 수 있기를 간절히 바랍니다.

다윗은 말씀을 아는 사람입니다. 그는 하나님께 물을 때, 말씀을 지켜 행할 때, 순종할 때, 약속을 믿을 때, 순종할 때, 승리했습니다. 주님과 말씀을 몸으로 체득한 사람입니다. 유언이라는

자녀, 이렇게 양육하라

것은 그냥 지식이 아니라 내가 정말 체험한 이야기를 하는 것입니다.

다윗도 기도를 안 할 때가 있었습니다. 묻지 않을 때가 있었습니다. 밧세바 사건으로 실수하고 넘어질 때 말씀을 못 지켰습니다.

말씀 지키는 것은 쉽지 않습니다. 말씀대로 살면 희생이 따르게 됩니다. 만만치는 않지만 그래도 말씀을 붙잡고 살아가기를 축복합니다.

사울이 다윗을 얼마나 많이 죽이려고 했습니까? 10여 년 이상을 도망자로 다녔지 않습니까? 다윗이 사울을 죽일 기회가 몇 번 있었습니다. 죽이면 그의 고난은 끝나는 것입니다. 하지만 그는 하나님의 말씀을 기억하고 지켰습니다.

고난이 와도 말씀을 지키는 것입니다. 기쁠 때도 말씀을 지키고, 슬플 때도 말씀을 지켜야 합니다. 우리 인생의 최고의 축복은 하나님의 말씀입니다. 말씀이 있어야 삽니다. 말씀을 붙잡아야 삽니다. 하나님의 음성을 들어야 삽니다.

"솔로몬 내 아들아, 말씀을 붙잡아야 한다. 말씀을 지켜야 한다. 처음에만 말씀을 듣고 나중에는 왕이 됐다고 교만하면 안 된다. 끝까지 지켜야 한다"라고 다윗이 솔로몬에게 이야기했을 것입니다.

그러나 솔로몬이 끝까지 못 지킵니다. 하나님을 신뢰하고 말씀을 붙잡고 살아가야 하는데 이방 여인들과 정략결혼을 합니다.

힘센 나라의 공주와 결혼을 하면 그 나라가 이스라엘을 침범하지 않을 거라는 인간적인 생각을 한 것입니다. 전쟁은 하나님께 속한 것을 알아야 합니다. 정략결혼을 해서 그 사람들이 안 쳐들어오는 것이 아닙니다.

대장부가 안 되면 못합니다. 말씀을 알아도 못합니다. 하나님의 뜻, 하나님의 계획은 말씀을 통해서 이루어집니다. 그 말씀을 붙잡고 살아갈 때 어디로 가든지 형통하게 되는 것입니다. 하나님과 함께하는 성공이 진짜 성공입니다. 성경은 그 성공을 '형통'이라고 말해주고 있습니다.

하나님의 말씀을 붙잡고 살아가기를 축복합니다. 내가 하루라도 말씀을 보지 않으면 살지 않겠노라고 작정하고 말씀 붙잡고 살아가길 축복합니다.

"그런즉 너희는 이 언약의 말씀을 지켜 행하라 그리하면 너희가 하는 모든 일이 형통하리라" (신 29:9).

모세가 여호수아에게 주는 유언의 메시지입니다. 유언이 똑같습니다. 하나는 강하고 담대하고 용사가 되라는 메시지고, 하나는 말씀을 붙잡으라는 내용입니다.

자녀, 이렇게 양육하라

"강하고 담대하라 너는 내가 그들의 조상에게 맹세하여 그들에게 주리라 한 땅을 이 백성에게 차지하게 하리라 오직 강하고 극히 담대하여 나의 종 모세가 네게 명령한 그 율법을 다 지켜 행하고 우로나 좌로나 치우치지 말라 그리하면 어디로 가든지 형통하리니 이 율법 책을 네 입에서 떠나지 말게 하며 주야로 그것을 묵상하여 그 안에 기록된 대로 다 지켜 행하라 그리하면 네 길이 평탄하게 될 것이며 네가 형통하리라"(수 1:6~8).

사랑하는 여러분 형통하길 원하십니까? 여러분 자녀가 주님과 동행하며, 주님이 책임지는 인생 되길 원하십니까?

그렇다면 말씀을 알려줘야 합니다. 말씀에 순종해야, 믿음의 사람으로 이 땅 가운데 멋지게 아름다운 인생을 살아갈 수 있습니다. 마음에 말씀이 없는데 세상에서 어떻게 살아가란 말입니까? 어떻게 예수 믿는 사람답게 산단 말입니까? 말씀대로 사는 것이 착하게 사는 일인 줄 믿습니다.

두렵고 떨렸던 여호수아도 죽기 전에 여호수아 23장 6절에서 이렇게 말합니다. "너희는 크게 힘써 모세의 율법 책에 기록된 것을 다 지켜 행하라 그것을 떠나 우로나 좌로나 치우치지 말라." 여호수아도 죽을 때 다음 세대에게 유산을 물려주는 유언을 또 하는 것입니다. 말씀을 붙잡아야 한다고 강조하고 있습니다.

힘써 대장부로 살아가기를 축복합니다. 무슨 일이 있어도 말씀 부여잡고 흔들리지 않기를 바랍니다. 말씀을 지켜 행하면 고난받을 수 있고, 말씀을 지키지 않으면 그냥 평안히 살 수 있다면 어떤 것을 선택하시겠습니까?

고난이 오더라도 당연히 말씀대로 사셔야 합니다. 이 은혜가 우리 모두에게 임하기를 축복합니다.

자녀, 이렇게 양육하라

우리 오늘 눈물로

고형원

우리 오늘 눈물로 한 알의 씨앗을 심는다
꿈꿀 수 없어 무너진 가슴에
저들의 푸른 꿈 다시 돋아나도록
우리 함께 땀 흘려 소망의 길을 만든다
내일로 가는 길을 찾지 못했던
저들 노래하며 달려갈 그 길

그날에 우리 보리라 새벽이슬 같은 저들 일어나
뜨거운 가슴 사랑의 손으로 이 땅 치유하며 행진할 때
오래 황폐하였던 이 땅 어디서나 순결한 꽃들 피어나고
푸른 의의 나무가 가득한 세상 우리 함께 보리라

자녀는 하나님의 소유

시 127:1-5

시편 150편 가운데 솔로몬이 쓴 시는 두 편이 나옵니다. 하나는 72편이고, 하나는 본문에 나오는 시편 127편입니다. 시편 127편에는 솔로몬의 시라고 쓰여 있고 성전에 올라가는 노래라고 기록되어 있습니다.

"여호와께서 집을 세우지 아니하시면 세우는 자의 수고가 헛되며 여호와께서 성을 지키지 아니하시면 파수꾼의 깨어 있음이 헛되도다"(시 127:1).

주의 성전에 나오면서, 예배드리려 나가면서 항상 기억하십시오. 시편 127편을 암송하고 선포하고 고백하는 것입니다. 여호와께서 집을 세우지 아니하시면 세우는 자의 수고가 헛됩니다. 여

자녀, 이렇게 양육하라

호와께서 성을 지켜주지 아니하시면 파수꾼의 깨어있음이 헛되게 됩니다.

"하나님이 하십니다. 하나님이 하셨습니다. 하나님이 하실 것입니다. 내 힘이 아닙니다. 내 지혜가 아닙니다. 내 능력이 아닙니다"라는 고백이 있어야 합니다.

시편 69편 9절에 다윗은 "주의 집을 위하는 열성이 나를 삼키고"라고 노래합니다. 다윗의 마음속에는 주의 집을 향한 강력한 열정이 있었습니다. 성전을 세우고 싶다는 뜨거운 열망을 가졌습니다.

그런데 하나님께서 나단 선지자를 통해 반대하십니다. "안 된다. 너는 손에 피를 많이 흘렸다." 그러면 다윗이 "나단 선지자여, 내가 이미 다 준비했는데, 재물도, 재료도 다 있는데..."라고 하며 화가 많이 날 수도 있었습니다. 하지만 다윗은 순종합니다.

"그렇다면 내 아들 솔로몬이 지을 수 있도록 내가 모든 것을 다 준비하겠습니다." 솔로몬이 성전을 건축할 때 필요한 모든 재료를 다윗이 준비해 주는 것입니다. 솔로몬은 깨달았을 것입니다. '아하, 여호와의 집은 돈만으로 짓는 게 아니구나. 이것은 사람의 힘이나 뜻으로 짓는 것이 아니구나. 하나님이 허락하셔야 성전이 세워지는 것이구나.'

여러분의 가정이 하나님께서 세우시는 가정이 되기를 축복합니다. 여러분의 자녀들이 어떻게 주 안에서 잘 세워지고 있습니까? 하나님이 여러분의 가정을 통치하는 주인이 되어주시고, 인도해 주셔야 축복의 인생이 될 줄로 믿습니다.

아무리 힘을 쓰고 적극적으로 추진을 해도 구멍이 날 수 있습니다. 하나님이 지켜주셔야 합니다. 하나님이 보호하셔야 등교할 수 있고, 안전할 수 있고, 당하지 않을 수 있습니다. 하나님이 지켜주시지 않는다면 얼마든지 무너질 수 있는 것이 우리 인생이라는 것을 알아야 합니다.

사람이 볼 때는 안 믿는 사람이 형통한 것 같고, 믿는 사람이 못난 것 같아도, 그렇지 않습니다. 지금은 과정입니다. 하나님의 가치와 사람의 가치가 다릅니다. 형통은 주님과 함께 하는 것입니다.

하나님은 역전의 명수십니다. 지금 힘들고 어렵다 할지라도 반드시 주께서 열어주시고 승리하게 해 주십니다. 하나님을 기대하십시오. 하나님을 사모하십시오. 하나님께서 반드시 우리의 인생을 아름답게 해 주셔서 영광을 받으실 것입니다.

"너희가 일찍이 일어나고 늦게 누우며 수고의 떡을 먹음이 헛되도다. 그러므로 여호와께서 그의 사랑하는 하시는 자 에게는 잠을 주시는도다"(시 127:2).

아침에 내가 일찍 일어나고 늦게 눕는다고 일이 다 되는 게 아닙니다. 내가 노력하고 수고한다고 해서 다 되는 것이 아닙니다. 하나님이 함께해 주셔야 승리하는 줄로 믿습니다.

자녀가 내 마음대로 되나요? 우리의 미래는 주님이 도와주셔야 길이 열립니다. 하나님이 도와주지 않고 막으시면 누가 열 자가 있겠습니까? 하지만 주님이 세우시면 낮출 자가 없는 줄로 믿습니다.

본문에 "잠을 주신다"는 메시지를 오해하면 안 됩니다. 새 번역과 공동번역에 "잠을 주신다"가 이렇게 나와 있습니다.

"야훼께서는 사랑하시는 자에게 잘 때에도 배불리신다"

(공동번역 시127:2).

"사랑하시는 사람에게 그가 잠자는 동안에도 복을 주신다"

(새번역 시 127:2).

잠잘 때 주님께서 채워 주시고 공급해 주시고 역사해 주신다는 말씀입니다. 이 말씀을 믿는 사람은 밤에 평안히 잘 수 있습니다. 하나님이 하신다는 것을 믿지 못하면 내가 해야 합니다. 내 열심과 수고가 있어야 일이 된다고 믿는 사람이 어떻게 편히 잘 수 있겠습니까?

잠을 못 잡니다. 염려하고 근심되고 걱정하고, '지금 잘하고 있나, 미래가 잘 될까, 누가 날 해치지 않을까?'라는 생각에 사로잡히게 됩니다. 주님을 신뢰하고 맡기고 나갈 때, 우리가 편안하게 잘 수 있는 은혜가 있기를 간절히 축복합니다.

아담에게는 모든 게 다 갖추어져 있습니다. 그런데 하나님 보시기에 좋지 아니하는 것이 하나 있었습니다. 아담에게는 돈과 명예가 필요한 것이 아니라 하와가 필요했습니다. 언제 해 주셨습니까? 잠잘 때입니다. 하나님을 믿고 의지하고 나아가면 주님께서 잠자는 시간에도 일하여 주십니다.

"나는 심었고 아볼로는 물을 주었으되 오직 하나님께서 자라나게 하셨나니 그런즉 심는 이나 물주는 이는 아무것도 아니로되 오직 자라게 하시는 이는 하나님뿐이니라"(고전 3:6~7).

심고 물만 주어서 되는 것이 아닙니다. 주님이 햇빛을 비춰줘야 하고, 비를 주셔야 하고, 공기를 주셔야 합니다. 그래야 잘 자랄 수 있는 것입니다. 우리의 수고가 헛되다는 말입니까? 그렇지 않습니다. 성경 전체의 메시지는 "성실해라. 충성해라. 열심을 내라"는 것입니다. 성경은 게으른 것을 악한 것이라고 말하고 있습니다. 하지만 하나님을 배제한 열심이나 인본주의적 열심은 안

자녀, 이렇게 양육하라

됩니다.

내가 열심인 것과 하나님의 은혜에 감격으로 충성하는 것은 비교가 되지 않습니다. 구원의 은총이 있다면, 하나님 사랑의 축복이 있다면, 그 사람이 어떻게 게으를 수가 있겠습니까? 주님께서 하셔야 한다는 믿음과 신뢰를 가질 때 주님께서 여러분의 수고와 땀에 열매를 맺게 하시고 은혜를 베풀어 주실 줄로 믿습니다.

필자는 "날이 저물어갈 때"라는 찬양을 즐겨 부릅니다. 여러분의 인생에 환한 태양 빛이 비치는 새벽이 아니라 날이 저물어가고 혼자 서 있는 것 같은 막막함이 있을 수도 있습니다.

"날이 저물어 갈 때 빈 들에서 걸을 때 그때가 하나님의 때 내 힘으로 안 될 때 빈손으로 걸을 때 내가 고백해 여호와 이레 주가 일하시네 주가 일하시네 주께 아끼지 않는 자에게 주가 일하시네 주가 일하시네 신뢰하며 걷는 자에게"

그런데 찬양의 가사는 그때 하나님께서 역사하신다는 것입니다. 내 힘으로 안 될 때, 빈손으로 걸을 때, 그때에 여호와 이레의 놀라운 축복이 우리에게 있는 줄로 믿습니다. 찬양의 2절은 이렇습니다.

"우리 모인 이곳에 주님 함께 계시네 누리네 아버지 은혜 적은

떡과 물고기 내 모든 걸 드릴 때 모두 고백해 여호와 이레 주가 일하시네 주가 일하시네 주께 아끼지 않는 자에게 주가 일하시네 주가 일하시네 신뢰하며 걷는 자에게"

　주님이 일하십니다. 여러분의 가정을 위해, 자녀를 위해 하나님께서 일하시기를 간절히 축복합니다.
　승리의 비결은 무엇입니까? 내가 모든 것을 갖추고, 다 준비하고 완벽하게 하면 됩니까? 아닙니다. 그것을 주 앞에 맡기고 하나님이 하셔야 합니다. 하나님께서 일하실 때는 언제인가요? 내가 있든 없든 간에 내 마음이 주님을 신실하게 사모하고 의존할 때 하나님께서 일하심을 경험하는 거 아닙니까?
　때로는 내가 어려울 때, 내가 정말 병 들 때, 내가 넘어질 때, 그때 우리 마음이 더 간절하지 않습니까? 그때는 "하나님 도와주세요." 이런 정도가 아닙니다. 그런 사람들은 "하나님 살려주세요"라고 하는 것입니다.

　특별히 다음 세대가 잘 세워지기를 바라는 마음이 필자의 마음 속에 정말 있습니다. 다음 세대를 세우는 것은 선택사항이 아닙니다. 하나님께서 다음 세대를 세우고 한국교회를 축복하고 세계교회를 축복하는 것을 너무너무 기뻐하신다는 사실들을 제 마음속에 느끼게 됩니다.

필자의 교회는 몇 년 동안 스파크 어린이 성령캠프를 하면서 무료로 한국교회와 다음 세대를 섬기고 있습니다. 이것을 주께서 기뻐하신다는 것이 느껴집니다. 그러면서 저희가 아프리카 짐바브웨와 필리핀 산타루시아, 또 인도네시아의 나무뿔리 지역에 해외교회를 건축했습니다. 그 교회는 입당예배만 드리고 그대로 현지인들에게 넘겨드립니다.

세계 선교를 위해서, 한국교회를 위해서, 다음 세대를 위해서 섬길 때 주께서 일하십니다. 이것이 제 마음속에 오는 것입니다.

그냥 되는 것하고 하나님이 도와주셔서 되는 것하고는 다릅니다. 우리가 어느 정도 열심히 수고하면 다 되지 않습니까? 그런데 그렇게 되는 것을 주님이 원하지 않습니다.

우리 마음속에 간절한 기도가 있어야 하고, 주님 앞에 헌신하고 정말 주님을 의지하여 "하나님이 하셨다"라는 고백이 있어야 주님께서 원하시는 인생이 될 줄로 믿습니다.

기도를 안 하는데, 하나님을 의지하지 않는데, 일이 잘 풀린다면, 이건 정말 위기입니다. 그렇게 인생을 살면 안 됩니다. 여러분의 첫사랑의 마음이, 열정의 마음이, 순수한 마음이, 변질되지 않는 마음이 평생 유지될 수 있기를 간절히 축복합니다.

이스라엘 백성들에게 여리고 성은 불가능의 성이었습니다. 무너뜨릴 수 없는 성입니다. 요단강을 건너고, 여리고 성을 무너뜨리고 가나안을 정복하기가 결코 쉽지 않지만, 하나님이 하시니까, 하나님이 시키는 대로 하니까 성취되는 것입니다.

그런데 여리고 성을 무너뜨렸던 백성들에게 아이 성은 너무 작은, 진짜 아이와 같은 아이 성입니다. 그런데 실패합니다. 왜요? 할 만하다는 것입니다. 자신감이 있었습니다. 식은 죽 먹기라고 여긴 것입니다. '이 큰 성을 무너뜨렸는데 저 작은 성을 못 무너뜨리겠어?' 이럴 때 인생에 위기가 와서 지는 것입니다. 우리의 첫 마음을 놓치면 안 됩니다. 어떤 상황과도 상관없이 주님을 신뢰하는 믿음, 주님을 사랑하는 믿음이 있을 때 주님께서 일하시는 것입니다.

> "자식들은 여호와의 기업이요 태의 열매는 그의 상급이로
> 다"(시 127:3).

여러분은 자녀들을 어떻게 보고 계십니까? 짐으로 보고 계십니까? 아니면 골칫덩어리로 보고 계십니까? 아니면 정말 보석과 보배요, 하나님이 주시는 기업으로 보고 계십니까?

하나님께서 여러분의 가정을 통해서 정말 기업으로 주셨다면, 부모는 그 기업의 관리자입니다. 하나님의 뜻 가운데 저들을 잘 세울 수 있어야 합니다.

자식은 하나님이 주신 것이기 때문에 내 것이 아니라는 것입니다. 청지기 의식을 가져야 합니다. 주님이 내 인생 가운데 맡겨주

신 것입니다. 내 소유니 내 마음대로 하는 것이 아니라, 하나님이 원하시는 방법대로 세우는 것입니다. 이것이 바로 성경적 자녀관인 줄로 믿습니다.

세상 가치로 자녀를 보지 말고, 하나님의 안목과 성경의 가치관으로 자녀를 볼 수 있는 우리의 눈이 있을 수 있기를 간절히 소원합니다. 어떤 번역에 보면 이 기업을 '숙제'라고 했습니다. 그 숙제를 잘 감당할 때 자녀가 상급이 되는 것입니다. 그러므로 부모의 만족과 목적을 이루려는 태도로 자녀를 양육하면 안 되는 것입니다. 하나님의 뜻대로 양육해야 합니다. 그래서 주님 앞에 기도해야 합니다. 부모는 한계가 있습니다. "주님의 자녀입니다. 도와주세요. 주님의 자녀에게 은혜를 베풀어 주세요"라고 늘 기도해야 합니다.

"젊은 자의 자식은 장사의 수중의 화살 같으니"(시 127:4).

자녀가 화살이라고 말하고 있습니다. 화살이 어디로 날아갑니까? 활시위를 당기는 대로 날아갑니다. 그러니까 가정에서 부모가 어떻게 섬기고 어떻게 모범을 보이고 어떻게 세우느냐에 따라 달라집니다.

화살은 활시위를 벗어나면 목적지가 정해져 있습니다. 그러니까 나가기 전에 정말 그들을 축복하고 섬겨서 그들이 하나님의 뜻을 이룰 수 있도록 해야 화살이 하나님의 영광을 위해서 아름답게 쓰임 받게 되는 것입니다.

"이것이 그의 화살 통에 가득한 자는 복 되도다 그들이 성문에서 그들의 원수와 담판할 때 이에 수치를 당하지 아니하리로다"(시 127:5).

어떤 자가 복되다고 합니까? 자녀가 화살통에 가득한 자가 복되다고 말합니다. "둘만 낳아 잘 기르자"라는 말이 있었지만, 어린이 사역을 오래 하면서 자녀가 축복이라는 것을 느끼게 되었습니다. 주님께서 저의 마음을 바꿔주시니까 셋째, 넷째를 선물로 주셨습니다. 여러분들이 자녀의 숫자를 제한하지 않기를 축복합니다.

"그들의 성문에서 그들의 원수와 담판할 때에 수치를 당하지 아니하리로다"(시 127:5).

자녀가 은혜 가운데, 주님이 하신 일들 가운데 잘 세워지면, 그 놀라운 축복이 하나님께 영광이 되고 부모에게 영광이 됩니다.

여호와의 주신 기업이라고 믿지 못하고, 섬기지 못하고, 세우지 못하면, 그 성문에서, 그 장사하는 곳에서, 그 재판하는 곳에

자녀, 이렇게 양육하라

서, 수 많은 사람에게, 그 부모가 수치를 당한다는 것입니다.

자녀를 똑바로 섬기지 못한 것 때문에 부모가 수치를 당하는 일들이 없기를 간절히 소원합니다. 자녀 교육은 선택이 아니라 필수입니다.

교회가 다음 세대를 준비하지 않으면, 다음 세대를 위해서 투자하지 않으면, 헌신하지 않으면, 10년 후, 20년 후에 교회가 수치를 당하는 일들이 가득할 것입니다.

다음 세대를 살리고, 세우는 일은 관심이 있느냐 없느냐의 문제가 아닙니다. 민족을 살리는 일입니다. 세상을 살리는 일입니다. 교회를 살리는 일입니다. 영광 가운데 거하는 일이라는 것을 기억할 수 있기를 바랍니다. 주의 은혜로 다음 세대를 잘 세워서 하나님께 영광이 되고, 여러분에게도 수치가 되지 않고 기쁨이 되는 은혜가 있기를 간절히 축복합니다.

날마다 주님을 의지하는

(찬송가 556장)

날마다 주님을 의지하는 우리 집 온 가족 복 되어라
다 함께 모여서 찬양하니 하늘의 위로가 넘쳐나네
할렐루야 우리 가정 사랑과 행복의 안식처
할렐루야 우리 가정 주님만 모시고 살아가리

아버지 어머니 사랑하고 형제와 자매들 우애하니
세상의 풍파가 밀려와도 주 사랑 안에서 두렵없네
할렐루야 우리 가정 사랑과 행복의 안식처
할렐루야 우리 가정 주님만 모시고 살아가리

말씀과 기도가 풍성하고 기쁨과 감사가 가득하니
하나님 우리 집 생각하사 대대로 복되게 하시도다
할렐루야 우리 가정 사랑과 행복의 안식처
할렐루야 우리 가정 주님만 모시고 살아가리

chapter
IV

부록 (주례사, 결혼후기)

부록 (주례사, 결혼후기)

5가지 사랑의 언어

"그런즉 믿음, 소망, 사랑, 이 세 가지는 항상 있을 것인데
그 중의 제일은 사랑이라"(고전 13:13).

신랑 ○○○형제와 신부 ○○○자매는 ○○교회에서 하나님을
잘 섬기고 신앙생활을 잘하고 있는 신실한 믿음의 커플입니다.

이 세상 75억 인구 중에서 한 남자와 한 여자, 두 사람이 만나
결혼한다는 것은 기적과도 같은 일입니다. 이것은 놀라운 일이고
특별한 하나님의 은혜입니다. 하나님의 은혜 아니면 만나는 것
도, 부부가 되어 가정을 이루는 일도 가능하지 않습니다.

결혼과 가정은 사람이 만들어낸 제도가 아니라 하나님이 직접
만드신 공동체입니다. 그러므로 결혼은 반드시 하나님의 축복 속
에 해야 합니다.

우리가 가전제품을 사면 그 안에 사용설명서가 있습니다. 그것을 세심히 읽고 이해하면 물건을 잘 사용할 수 있습니다. 마찬가지로 결혼과 가정에 대한 설명서가 있는데, 그것은 바로 성경, 하나님의 말씀입니다.

성경은 가정이 어떻게 살아가야 하는지 알려주는 삶의 지침서이며 행복 매뉴얼입니다. 부부가 성경대로 살아 가정에서 천국을 경험할 수 있는 은혜가 있기를 바랍니다.

부모가 바라는 것 중 한 가지는 사랑하는 자녀들이 다투지 않고 서로 이해하고 사랑하며 사는 것입니다. 그것은 다른 어떤 효도보다도 부모에게 큰 기쁨이 됩니다. 하나님 아버지도 하나님의 자녀인 부부가 사랑하며 살기를 원하십니다. 사랑할 때 하나님이 그곳에 함께하시며 역사하십니다.

이런 찬양이 있습니다.

"사랑의 나눔 있는 곳에 하나님께서 계시도다."

그렇습니다. 사랑의 나눔 있는 곳에 하나님께서 함께 계십니다.

신랑 신부에게 묻겠습니다.

긴장하지 마시고 객관식으로 묻겠습니다.

서울에서 부산까지 가장 빨리, 행복하게 가는 방법은 무엇입니까?

1) 버스   2) 기차   3) 비행기   4) 사랑하는 사람과 함께~

네, 정답은 4번 사랑하는 사람과 함께입니다.

신랑 신부에게 한 번 더 묻겠습니다.

'윙크'의 뜻이 무엇인지 아십니까?

윙크는 유혹하는 것이 아닙니다. 윙크할 때 한쪽 눈을 뜨고 한쪽 눈을 감습니다. 두 눈을 다 감으면 윙크가 아닙니다. 윙크할 때 한쪽 눈을 감는 것은 '나는 당신을 사랑하기에 앞으로 당신의 단점을 보지 않겠습니다'라는 의미이고, 한쪽 눈을 뜨는 것은 '나는 당신을 사랑하기에 앞으로 당신의 장점만 보며 살겠습니다'라는 뜻입니다. 서로 마주 보고 윙크 한번 해보겠습니다.

사람이 죽을 때가 되면 후회하는 것이 몇 가지 있답니다. 젊었을 때 돈을 많이 벌지 못한 것이 너무 안타깝고 후회스럽다고 하지 않습니다. 명예와 권세가 높지 못한 것이 너무 안타깝다고 후회하지도 않았습니다. 사람이 죽을 때 후회하는 것은 바로 사랑하는 사람을 제대로 사랑하지 못한 것이라고 합니다. 신랑 신부는 이런 후회를 하지 않기 바랍니다.

그럼 사랑은 어떻게 해야 합니까? 게리 채프먼의 베스트 셀러 '5가지 사랑의 언어'라는 책에서 언급하는 구체적으로 실천 사항들을 적용할 수 있기를 바랍니다.

첫 번째 사랑의 언어는, '인정하는 말'입니다.

243

말에는 권세가 있습니다. 그러므로 말을 조심해야 합니다. 좋은 말을 많이 하십시오. 나쁜 말은 입밖에도 내지 마십시오. 사람은 칭찬이나 격려의 말을 들으면 행복하고 힘이 납니다. 배우자가 수고했을 때 마음으로만 하지 마시고 입술을 벌려 수고했다고 표현해 보십시오. 칭찬을 아끼지 마시고 자주 많이 하십시오.

신랑은 신부에게 "○○야 사랑해"라고 해보시겠습니까?

신부는 신랑에게 "당신이 최고예요. 멋져요"라고 말해 보시겠습니까?

"사랑해요. 축복해요. 수고했어요. 당신이 최고예요. 잘했어요. 고마워요. 당신이 제일 예뻐요. 훌륭해요. 존경해요"라는 말을 많이 하시기 바랍니다.

두 번째 사랑의 언어는, '함께 하는 시간'입니다.

부부가 함께하는 시간을 가질 때 사랑을 느낍니다. 함께 있어도 TV를 보거나 다른 생각을 하면서 대화를 하는 것이 아니라 상대방의 마음에 공감하면서 집중하는 것이 함께하는 것입니다. 몸이 멀어지면 마음도 멀어집니다. 멀어지면 틈이 생깁니다. 서로 한눈 팔지 말고 서로에게 집중하며 함께 하는 시간을 보내야 합니다.

함께 하는 시간을 만들어 보시기 바랍니다. 함께 대화하기, 함께 식사하기, 함께 데이트하기, 함께 산책하기, 함께 요리하기,

함께 휴가 보내기, 함께 운동하기, 함께 영화 보기, 함께 취미 생활하기, 함께 여가 시간 보내기, 함께 화초 가꾸기, 함께 음악 듣기, 함께 걷기, 함께 드라이브하기, 함께 예배드리기, 함께 큐티하기, 함께 찬양하기 등을 하시기 바랍니다.

세 번째 사랑의 언어는, '선물'입니다.

선물로 사랑을 표현할 수 있습니다. 선물을 싫어하는 사람은 단 한 사람도 없습니다. 배우자는 큰 선물을 원하는 것이 아닙니다. 작은 것이라도 마음이 담긴 선물에 감동합니다. 사랑을 표현하십시오. 사랑을 보여주십시오.

양가 부모님의 생신이나 명절을 챙기는 것도 마땅한 것입니다. 이런 말이 있습니다. 따라 하겠습니다.

"효도는 용돈으로 하는 것이다."

선물을 챙겨줄 수 있는 날을 꼭 기억하여 실천해 보십시오. 남편 생일, 아내 생일, 결혼기념일, 양가 부모님 생신, 구정이나 추석, 어버이날 등을 잘 챙기시기 바랍니다.

네 번째 사랑의 언어는, '봉사'입니다.

배우자를 사랑한다면 섬기고 돕고 봉사하는 것이 행복일 것입니다. 가정에서 남편은 노예나 머슴이 아니고, 아내는 종이나 시녀가 아닙니다. 배우자를 섬기는 것은 사랑의 표현입니다.

배우자를 위해 도울 수 있는 봉사의 영역을 찾아보십시오. 설거지, 청소기 돌리기, 세탁기 돌리기, 빨래 널고 개기, 쓰레기나 음식물 치우기, 요리해주기, 화장실 청소하기, 침대 정리하기, 신발 정리하기 등을 하시기 바랍니다.

다섯 번째 사랑의 언어는, '스킨십'입니다.

스킨십은 사랑의 표현입니다. 서로 사랑한다고 말하면서 접촉하지 않는다면 오해할 수 있습니다. 온종일 수고한 배우자를 안마해주는 것은 상대방에게 사랑을 전하는 것입니다.

신체적인 접촉을 할 수 있는 것을 찾아보십시오. 서로 손잡고 걷기, 서로 팔짱 끼고 걷기, 안아주기, 키스하기, 저녁에 안마해주기 등을 하시기 바랍니다.

사랑에는 감정만 있는 것이 아닙니다. 신랑과 신부가 5가지 사랑의 언어를 잘 배우고 실천해서 천국의 모델 하우스로 세워지기를 축복합니다.

결혼 기도문

　인생의 주인이신 하나님 아버지, 참 감사합니다. 이렇게 귀하고 복된 날, 주님을 사랑하는 젊은 믿음의 두 사람, 신랑과 신부가 하나님과 가족과 친지, 하객들을 모시고 서로의 사랑을 확인하며, 복된 가정을 이루기 위해 영광스러운 예식을 하게 하심을 진심으로 감사드립니다.

　사람이 결정한 것 같지만 그 모든 배후에 하나님의 영원한 작정과 섭리가 있었음을 믿습니다. 사랑의 수고와 눈물의 기도로 지금까지 신랑과 신부를 잘 양육하신 양가 부모들에게 하나님의 큰 위로와 평안이 있게 해 주시옵소서.

　신랑은 아내를 자신의 생명과 같이 사랑할 수 있는 마음을 주시

부록(주례사, 결혼후기)

고, 신부는 남편을 온전히 순종하고 존경할 수 있는 마음을 주옵소서.

서로 다른 환경과 기질로 어려움에 부딪힐 때 주께서 다스려 주시고, 삶 속에 고난이 찾아올 때 하나님의 말씀에서 해답을 얻게 하시고, 문제 앞에서 염려하지 않고 흔들리지 않는 믿음과 지혜를 주시며, 눈물과 신실함으로 무릎 꿇는 가정이 되게 하옵소서.

하나님 아버지! 이제 부부가 되는 신랑 신부가 매일 서로에게서 새로운 매력을 발견하게 하시고 날이 갈수록 신뢰와 믿음이 견고하게 하여 주옵소서.

신랑 신부에게 시냇가에 심긴 나무가 시절을 좇아 열매를 맺으며 그 잎사귀가 마르지 아니하는 형통함으로 축복해 주시고 영육 간에 강건함을 더하여 주셔서 민족과 교회에 귀하게 쓰임 받을 경건한 자녀들도 허락하여 주시고 자손 대대로 믿음을 뿌리내리는 하나님의 명문 가문으로 세워주옵소서.

이 가정이 하나님과 다른 사람들을 섬길 수 있는 물질의 복도 더하여 주시고, 하나님께 귀하게 쓰임 받는 믿음의 기업도 허락하여 주옵소서.

하나님과 사람들에게 사랑을 받는 부부가 되게 하시고 성경이

말하는 멋진 부부가 되도록 축복하여 주시며, 하나님의 은혜가
이 가정을 떠나지 않고 항상 머물 수 있게 해 주옵소서. 그래서
다른 사람들이 하나님 믿는 사람이 얼마나 멋있고 복을 받는지
이 가정을 통해 보게 해 주옵소서.

　오늘 이 가정의 출발을 위해 주신 말씀을 붙잡고 가정 천국을
이루게 해 주옵소서. 가정의 주인 되시는 예수 그리스도의 이름
으로 축복하고 간절히 기도하옵나이다. 아멘.

하나님 앞에서의 서약

김재성, 박슬기

2018년 2월 3일, 서로 다른 교회에서 전도사 사역을 하던 저와 아내는 결혼식을 올렸습니다. 주례를 부탁할 분을 고민하며 서로 이야기를 하다가 저희가 처음 만났던 장소이며 단체였던 한국어린이전도협회 원주지회 대표 목사님이셨던 최규명 목사님이 떠올랐습니다. 그래서 현재는 원주 충정교회 담임목사님이신 최규명 목사님께 저희는 주례를 부탁드렸고 목사님께서는 흔쾌히 부탁을 들어주셨습니다.

사회자 없이 목사님께서 결혼식의 모든 순서를 맡아주셨습니다. 주례 경험이 많으신 목사님께서는 결혼식의 순서부터 준비해야 할 것들까지 저희에게 추천해 주셨고, 어떻게 해야 할지 고민하던 저희는 목사님의 인도를 따라 결혼식을 준비하고 마쳤습니다.

결혼식은 많은 이들에게 축하를 받고, 두 사람이 하나가 되는

데 큰 의미가 있다고 생각합니다. 그러나 더 큰 의미는 하나님 앞에서 많은 이들을 증인으로 삼아 두 사람이 하나가 되는 것이라고 생각합니다. 그런 의미에서 저희에게 결혼식은 단순한 예식이 아닌, 하나님 앞에서의 서약이었습니다. 그리고 최규명 목사님께서는 그 서약이 잘 진행될 수 있도록 저희를 이끌어주셨습니다.

3년이 지난 지금도 목사님께서 그때 하셨던 주례의 내용이 기억납니다. 게리 채프먼의 '5가지 사랑의 언어' 내용을 소개해주신 주례가 기억납니다. 그리고 더욱 기억에 남는 것은 조금은 지루할 수 있는 결혼식이 목사님의 준비로 전혀 지루하지 않았다는 것입니다. 목사님께서는 글자가 적힌 시각자료를 만들어 그것을 저희와 또 하객들에게 보여주시며 주례를 해 주셨습니다.

그리고 결혼식 중에 하객들이 저희를 향한 축복의 시간을 넣는 것을 목사님께서 추천해 주셨고, 그 시간이 제 아내에게는 결혼식 중 가장 기억에 남는 순간이었다고 합니다. 그리고 하나님 앞에서의 서약만을 생각하는 것이 아닌, 양가 부모님에 대한 목사님의 배려도 저희에게는 너무 좋은 기억으로 남아있습니다.

아내에게 편지를 준비해서 장인어른에게 편지를 읽는 순서를 목사님께서는 추천해 주셨고, 그 시간으로 인해 아내는 결혼식까지 부모님과의 삶을 다시 생각해보는 시간을, 장인어른과 장모님께는 결혼식까지의 딸과의 삶을 다시 되돌아보는 시간을 가질 수 있었던 것 같습니다.

그 덕분에 결혼식 자체로만 본다면, 많은 분이 결혼식이 끝난 후에 결혼식을 지루하지 않게 잘하셨다는 말을 저희에게 전해주셨습니다. 결혼식이 끝나고, 결혼식장 직원 분과의 만남에서 저와 제 아내에게 하신 말씀이 아직도 기억에 남습니다. "주례하신 목사님이 어느 교회 목사님이세요? 말씀이 너무 좋아서 저도 집중해서 들었어요."

보통의 결혼식에서는 자칫 지루하고, 형식적으로 끝났을 수 있는 주례가 누군가에게 교회에 다가갈 수 있는 길을 제시해 주는 복음으로 전해질 수 있었던 것 같아서 감사했고 기뻤습니다.

저희는 지금 하나님께서 주신 축복의 선물을 아내의 뱃속에 담아 함께 살아가고 있습니다. 하나님 앞에서 서약으로의 결혼식을 시작으로 저희는 하나님 앞에서 부부로 계속해서 살아가고 있습니다. 그리스도인들에게 결혼식은 단순한 하나의 예식이 아닌 하나님 앞에서의 서약이라고 확신합니다. 그리고 그 서약이 평생 부부를 붙잡아 준다고 생각합니다.

하나님 앞에서의 서약을 통한 결혼식, 성경적인 결혼식을 하고, 믿음 안에서 살아가면, 이 시대에 바른 성경적 부부의 삶을 보여줄 수 있다고 생각합니다. 그리고 그런 모습이 다른 그리스도인들에게는 도전을, 그리스도인이 아닌 이들에게는 그리스도에게로 인도하는 길을 보여줄 수 있는 삶이라 생각합니다.

하나님 안에서 인생의 첫발을 내딛다

변상원, 김기연

최규명 목사님과는 청소년기부터 지금까지의 만남으로 인해 저의 인생 속에서 가장 귀한 결혼 예배를 하나님께 감사와 영광으로 올려드릴 수 있었습니다.

부부로서 첫발을 내딛는 우리의 결혼 예배는 주례와 인도를 맡아주신 목사님의 섬김으로 따뜻함이 있고, 함께한 모든 내외빈과 한마음으로 예배드릴 수 있었습니다. 결혼 예배 후에도 참석한 믿지 않는 분들의 입술을 통해서 좋은 소식이 들려왔습니다.

"경건하고 따뜻함이 있는 결혼식이었다."

"결혼 예배는 처음이지만 감동적이고 거부감 없는 좋은 결혼식이었다."

"예배라는 것은 처음이지만 무언가 마음속에 울림이 있었다."

이러한 후기들을 듣게 되었을 때, 하나님의 선한 영향력이 우리를 통해 일하심에 깊은 감사를 드릴 수 있었습니다.

목사님께서 말씀을 통해 전해주신 '부모를 떠남', '한 몸', '정직', '귀히 여김' 이 네 가지를 통해 우리 부부는 하나님 안에서 함께 바르게 살아갈 수 있는 삶을 지표를 가지게 되었습니다. 하나님의 창조의 섭리대로 살아가는 것, 부부가 함께 신앙의 가정을 이루어 나가는 것이 그 무엇보다 귀하고 값지다는 것을 다시금 깨닫게 되었던 시간이었습니다.

마지막으로 결혼 예배를 통해 하나님의 사랑을 느끼고 체험한 우리 가정과 같이, 앞으로 하나님 안에서 예배를 통하여 귀한 가정을 이루실 모든 분에게 하나님의 은혜와 평강이 함께하시길 기도합니다.

결혼, 지는 삶이 아닌 죽는 삶

유환민, 김규희

결혼예식의 주례를 부탁드리기 위해 최규명 담임목사님을 찾아 뵈었습니다. 남편과 저의 집안은 아직 신앙이 없었기에 가족 문화를 고민할 수밖에 없었고, 그중에서도 가장 큰 걱정거리가 주례사였기에 만감이 교차하고 있었습니다. 하지만 목사님께서 위트 있는 맞춤형 설교를 해 주시겠다고 해서 그러한 걱정은 금방 사라졌습니다.

목사님께서는 청첩장을 보시며 우리 부부와 부모님의 이름을 한 분 한 분 기억하려는 듯 읽어주셨고, 설교를 잘 준비해 아직 믿음이 없는 우리의 친인척 모두에게 기쁨이 가득한 예식을 만들어 주겠다고 하셨습니다. 우리 부부를 오랫동안 지켜봐 주신 목사님의 응원과 확신이 담긴 이야기에 큰 위로를 받았고, 예식을 기대하게 되었습니다.

2018년 10월 20일, 드디어 결혼예식을 하는 날이 되었습니다. 목사님은 당신의 트레이드마크인 '사랑의 5가지 언어'가 아니라 창세기 2장 24~25절 말씀으로 '천국을 경험하는 가정'이라는 주제로 축복해 주셨습니다.

"이러므로 남자가 부모를 떠나 그의 아내와 합하여 둘이 한 몸을 이룰지로다 아담과 그의 아내 두 사람이 벌거벗었으나 부끄러워하지 아니하니라."

이어 목사님께서는 부모를 떠나라는 말은 부모로부터 고립되거나 부모를 저버리는 것이 아니라 경제적인 도움을 받지 않고 스스로 결정하고 결단하는 것을 의미한다고 하셨습니다. 즉, 정신적인 독립의 과정이며, 부모 역시 자녀를 떠나보낸 뒤 통제하거나 간섭하지 말아야, 둘이 한 몸을 이룰 수 있다고 말씀하셨습니다.

서로에게 거짓 없이 진실로 대할 것을 강조하시며 부부만의 친밀한 스킨십은 하나님께서 허락하신 축복이라고 덧붙이셨습니다. 그리고 작은 선물과 존중의 말로 사랑을 표현하는 방법, 서로의 부족함을 눈감아주고 장점만을 바라볼 수 있게 하는 윙크 기술 등, 부부생활의 에티켓을 설명하셨습니다.

얼핏 들으면 일반적인 내용처럼 보이지만 그 속에 하나님의 원리가 어떻게 적용되어야 하는지 실제 예를 들어 이해를 돕고 실천하라는 의미를 담고 있었습니다. 또한, 예식 이전에 남편이 아내에게 쓴 편지를 낭독하는 이벤트, 아내가 남편에게 꽃을 선물하는 미션을 준비하게 하셨는데, 이런 소소한 행사로 인해 예식이 생각만 해도 웃음이 나는 소중한 추억으로 남아있습니다.

이런 축복된 주례를 받고 우리 부부는 지금 어떠한 삶을 살고 있는지 되돌아봅니다.

처음부터 한 몸이 될 수 없다는 것을 깨달은 우리는 '하나 됨'을 목표로 노력하며 생활하고 있습니다. 처음에는 합이 척척 맞을 우리의 모습과 자상한 남편의 이미지에 대한 환상도 있었고 지는 것이 이기는 것이라는 생각으로 많은 것을 양보하며 살고 있다고 생각했습니다.

그러다 보니 내가 배려하는 만큼 나에게 베풀지 않는 듯한 남편에게 온갖 불만이 생겨났습니다. 그렇게 쌓인 불만은 한 번에 폭발하기도 했습니다. 이기적이고 서툰 대화 방법이었습니다.

시간이 지날수록 예수님의 십자가로 내가 죽는 것이 부부에게 필요한 십자가이며, 지는 것이 이기는 것임을 깨닫게 되었습니다.

내가 죽는 것이 남편과 가정을 살리는 일이자 가장 중요한 부분이었던 것입니다. 사람 간의 만남, 특히 결혼에 있어서 서로에게 완벽할 수 없기에 하나님이 이루신 가정과 한 몸이 됨, 하나 됨을 이어가고 지킨다는 것은 정말 명예로운 일이라고 생각합니다.

이제는 여러 다툼과 이해, 웃음을 통해 내가 남편에게 더욱 알맞은 사람이 되어간다는 것에 행복감을 느끼며 살아가고 있습니다. 아직 신혼 3년 차의 초보 부부지만 하나님을 사랑하는 마음이 있다면 어떠한 문제도 끌어안고 이해할 수 있다는 해답을 얻었습니다.

남편과 함께 신앙생활을 했던 6년의 연애 기간과 3년의 결혼생활을 돌아보면 우리 관계에서 하나님이 이루고자 하셨던 것은 늘 같았던 것 같습니다. 언제나 영적 성숙이 필요하며 우리에게 이를 이루어 주려 하셨던 것 같습니다.

부부간의 관계는 물론 신앙과 가정도 한 몸이 되어야 하나님께서 의도하신 결혼의 목적을 달성할 수 있습니다. 하나님의 목적을 궁금해하고 도우심을 기대하면서 남편의 자리, 아내의 자리를 인내로 지켜내는 것 역시 하나의 숙제일 것입니다.

우리 부부는 하나님께서 바라시는 결혼의 목적 중 하나가 부부 교육 목자라고 생각합니다. 하나님은 우리 부부에게 스파크 어린이성령캠프의 홈스테이 섬김을 통해 다음 세대를 향한 비전의 시선과 따뜻한 마음을 다시 한번 심어주셨습니다.

또한, 청소년 및 어린이 교육 목자로서 다음 세대를 섬기는 부부로 변화시키셨습니다. 이와 더불어 청년 세대를 위한 헌신을 쏟을 수 있는 마음도 넉넉히 부어 주셔서 늘 즐겁고 행복한 마음으로 동역자들과 함께하고 있습니다.

언젠가 계획하신 때에 우리 부부에게도 축복된 자녀를 허락하실 텐데, 자녀를 품게 되면 물리적인 섬김의 영역이 줄어들 수 있을 것 같습니다. 그렇기에 앞서 더 많이 섬기고 영적 단련을 위한 노력을 아끼지 않으며 다음 세대를 위한 영적 기도를 할 때 흔들림 없이 놀라운 일들이 일어나는 가정을 이루고 싶습니다.

섬길 시간이 넉넉하지 않다는 초조함도 있지만, 영적으로 성숙해지는 우리 부부가 또 어떤 일에 쓰임 받을지 기대하며 감사한 마음을 품고 살아가고 있습니다.

청년 시기에 남편과 신앙생활을 하며 서로에 대한 확신을 심어 주신 것, 쉬지 않고 제자 양육을 받게 하신 것, 신앙이 없는 가족들에게 결혼예식 주례로 하나님의 복음을 전할 수 있게 하신 것, 이 모든 일과 지금 남편과의 결혼생활은 하나님의 도우심 없이는 이루어질 수 없었을 것입니다.

앞으로도 감사함과 겸손함을 몸과 마음에 새기고 좋은 것에서 더 좋은 것을 만들어 주시는 하나님을 신뢰하며 건강하게 역할을 감당해 나가는 부부로 살아갈 것입니다.

부록(주례사, 결혼후기)

결혼과 자녀의 복

이근수, 송현숙

청년 시절 "결혼을 잘해야 잘 살 수 있다"라는 설교를 들은 적이 있습니다. 설교를 요약하여 그대로 기도 제목으로 옮겨 배우자를 두고 4년을 기도하였습니다. 그 시절 기도와 믿음 생활을 하면서 준비된 크리스천으로 되어 갔던 것 같습니다.

그러던 저에게 하나님은 좋은 배우자를 만나게 하셨습니다. 제가 잘 준비되어 있고 응답을 기다리며 순결을 지킬 때 하나님께서 리브가를 예비하셨듯이 믿음의 배우자를 만나게 해 주셨습니다.

우리는 결혼 전 하나님이 주신 가정에 관한 책을 보고, 믿음의 가정에 대하여 공부를 하였습니다. 결혼에 관한 세미나도 참석하였습니다.

결혼식 전 하나님이 주신 가정에 대해 '웨딩 큐티'라는 책으로 함께 공부하였고, 공부함으로 인해 서로에 대해 더 알아가고 서로를 위해 기도하게 되었습니다. 이렇게 공부하고 기도한 것이 많은 도움이 되었고, 하나님께서 짝지어주신 것을 확신하게 되었습니다. 결혼식 비용에 대한 십일조 헌금을 하고 결혼을 하였습니다.

결혼은 신경 쓸 것이 많지만 결혼 전 함께 공부하고 기도하는 것을 추천합니다. 결혼생활과 행복은 비례합니다. 결혼이 좋은 이유는 결혼하여서 한 몸이 되어야 생명이 생긴다는 것입니다. 경건한 신앙과 하나님의 뜻은 생명입니다. 결혼을 통해 하나님께서 주신 자녀는 분명한 하나님의 축복입니다.

제 인생의 제일 큰 감동은 첫째 아이가 태어났을 때입니다. 많은 사람이 첫째 아이가 태어났을 때 크게 감동한다고 합니다. 저는 아이들을 위해 저의 생명도 아깝지 않습니다.

우리가 살고 있는 이 시대에는 가정에 대한 상처가 많습니다. 문제가 없는 가정이 없다고 할 수 있고, 믿는 사람들도 예외는 아니라고 생각합니다. 왜 예수님을 믿는 사람과 결혼을 해야 하는지 이 시대를 보면 알 수 있을 것 같습니다.

예수님을 잘 믿는 사람을 만나 결혼을 해야만 하는 이유는 여러 가지가 있습니다.

교회에서 우리 목장의 이름은 '뼈와 살'입니다. 부부 목장으로 함께 말씀을 나누며 예수님 안에서 서로 기도하며 교제하는 것도

부록(주례사, 결혼후기)

소중한 행복입니다.

우리 가정은 여행을 자주 가려고 노력합니다. 여행을 통해 배우는 것이 많기 때문입니다. 무엇을 먹을지 의견을 나누고, 어디를 갈지 이야기하고 24시간 함께 하는 시간이 아이들에게는 좋은 추억이 됩니다. 믿음의 건강한 가정에서 자란 아이들은 내면이 밝다고 생각합니다.

많은 가정에는 아픔이 있습니다. 인생을 살아가면서 아픔이 옵니다. 아니 반드시 옵니다. 2019년, 저는 아주 큰 아픔과 고난을 경험하였습니다. 하지만 아픔과 고난이 감사가 되었고 구원의 확신이 되었습니다.

감사의 조건을 아이들과 나누며 기도할 때, 좋은 건강한 가정을 이루어 갈 때, 아이들도 믿음의 아이가 될 것을 저는 믿습니다.

초판 1 쇄 　2020년 10월 24일

지 은 이 _ 최규명

펴 낸 이 _ 김현태

디 자 인 _ 디자인 창(디자이너 장창호)

펴 낸 곳 _ 따스한 이야기

등　　록 _ No. 305-2011-000035

전　　화 _ 070-8699-8765

팩　　스 _ 02- 6020-8765

이 메 일 _ jhyuntae512@hanmail.net

따스한 이야기 페이스북

https://www.facebook.com/touchingstorypublisher

따스한 이야기는 출판을 원하는 분들의 좋은 원고를
기다리고 있습니다.

가격 14,000원